中国职业教育"汉语+"系列
《商务汉语》编委会

**主　编**　张　琼　吴安萍　芦　妍
**编　委**　韩淑靖　王抒诣　郭　嫣　丁　镭　董鸿安
　　　　　邱璐轶　邬静文　史敏捷　陈　勇

　　　本教材为教育部中外语言交流合作中心2022年度《国际中文教育中文水平等级标准》教学资源建设立项一般项目："中国职业教育'汉语＋'系列：商务汉语"（项目批准号：YHJC22YB135）结项成果。本教材出版承蒙教育部中外语言交流合作中心资助。

中国职业教育"汉语+"系列

总主编 岑 咏 吴安萍

# 商务汉语
## SHANGWU HANYU

主编 张琼 吴安萍 芦妍

ZHEJIANG UNIVERSITY PRESS
浙江大学出版社
·杭州·

图书在版编目（CIP）数据

商务汉语 / 张琼，吴安萍，芦妍主编. -- 杭州 ：
浙江大学出版社，2025.7. --（中国职业教育"汉语+"
系列 / 岑咏，吴安萍总主编）. -- ISBN 978-7-308
-26202-6

Ⅰ. H195.4

中国国家版本馆CIP数据核字第20251KR298号

## 商务汉语

张　琼　吴安萍　芦　妍　主编

丛书策划　黄静芬

责任编辑　仝　林

责任校对　史明露

封面设计　林智广告

出版发行　浙江大学出版社

　　　　　（杭州市天目山路148号　邮政编码 310007）

　　　　　（网址：http://www.zjupress.com）

排　　版　杭州林智广告有限公司

印　　刷　浙江临安曙光印务有限公司

开　　本　787mm×1092mm　1/16

印　　张　11.75

字　　数　227千

版 印 次　2025年7月第1版　2025年7月第1次印刷

书　　号　ISBN 978-7-308-26202-6

定　　价　60.00元

浙江大学出版社市场运营中心联系方式：0571 - 88925591；http://zjdxcbs.tmall.com

# PREFACE 前言

党的二十大报告指出："推进高水平对外开放。依托我国超大规模市场优势，以国内大循环吸引全球资源要素，增强国内国际两个市场两种资源联动效应，提升贸易投资合作质量和水平。……深度参与全球产业分工和合作，维护多元稳定的国际经济格局和经贸关系。"[1] 为不断适应国际形势的变化，国际中文教育人才的培养路径也逐步由以往的单一语言培养向多元复合型人才培养转变，逐步实现高质量发展。教育部中外语言交流合作中心积极推进"中文＋职业技能"教育的实施，根据技能类别、适用人群、地域特点等因素，鼓励研发各类"中文＋"特色课程（涵盖技能培训、商务、旅游、机电、农业、高铁等领域），积极探索语言赋能型育人模式。

然而，审视当前的来华留学生汉语教材，我们不难发现，其仍以"通用型教材建设"为主流。虽然通用型教材在一定程度上满足了留学生基础汉语学习的需求，但在创新性、针对性以及国别化等方面存在明显不足。在国际中文教育迈向高质量发展、"中文＋职业技能"教育蓬勃兴起的背景下，这种教材已难以适应留学生多样化、专业化的学习需求。因此，开发一套具有创新性、针对性且贴合职业技能教育的汉语教材显得尤为迫切。

《商务汉语》正是在这样的时代背景和现实需求下应运而生。本教材的编写初衷，是在扎实开展生活交际汉语教学的基础上，进一步深化商务领域的汉语教学。本教材为留学生和外国友人更深入地了解中国商业环境和创新创业文化、学习汉语和来中国进行商务活动提供了有效的学习工具。

---

1 习近平. 高举中国特色社会主义伟大旗帜　为全面建设社会主义现代化国家而团结奋斗——在中国共产党第二十次全国代表大会上的报告. 人民日报，2022–10–26(01). http://paper.people.com.cn/rmrb/html/2022–10/26/nw.D110000 renmrb_20221026_3–01.htm.

在开发"中国职业教育'汉语+'系列"教材的过程中，编写团队始终秉持精益求精的专业态度，高度注重内容设计的真实性、创新性和实用性。团队充分考虑留学生的学习需求，以适应"中文+职业技能"国际化创新人才的培养目标。本教材着重突出以下几点创新之处。

● **为谁编——精准契合专门用途汉语的学习需求**

本教材坚持"以学习者为中心"的先进教学理念，在编写过程中充分彰显学习者的主体作用。为了确保教材能够精准满足目标受众的需求，编写团队针对高职院校来华留学生开展了焦点小组访谈。通过深入交流，我们清晰地了解到，留学生对于商务汉语学习有着明确而独特的期望。他们一方面希望通过学习进一步提高汉语表达能力，另一方面对实操性和时效性有着更高的要求。他们对"汉语+"教材的需求，已不再局限于单纯的语言知识学习和语言能力提升，而是更渴望将语言学习融入实际场景中，熟练掌握商务汉语情境下的精准表达。基于此，本教材在内容编排和教学方法设计上，紧密围绕留学生的这些需求展开，力求为他们提供最贴合实际的学习体验。

● **如何编——深度践行内容与语言融合的教学理念**

本教材的编写基于丰富的专门用途汉语教学实践，紧密结合职业技能教学的特点，充分体现了"内容与语言融合"（Content Language Integrated Learning, CLIL）的跨学科属性。本教材从词汇的精心选择、课文内容的巧妙选取到拓展活动的合理设计，均以培养学生的语言交际能力为核心目标。课文内容不仅涵盖了汉语水平考试HSK（一至三级）大纲中要求掌握的语言功能、词汇及语法，还巧妙融入了中国职业教育的核心课程和职业技能训练内容，真正实现了语言学习与职业技能提升的双重目标。在编写过程中，以商务专业知识为纲，分情境进行汉语知识编写，将教材精准定位为职业教育类专业教材，运用汉语进行专业知识的讲解，在内容选择上更贴近现实、与时俱进，符合专业人才培养的要求。

● **谁来编——创新采用校企协同编写视角**

本教材不仅是学习汉语的优质教材，更是职业技能学习的精品教材。为确保该教材的权威性和实用性，本书由宁波职业技术学院（汉语国际教育教研室、商务英语专业、国际经济与贸易专业教师）和宁波凯信服饰股份有限公司、宁波盖乐供应链管理有限公司、宁波保税区国贸外轮供应服务有限责任公司等校企双方共同编写。这种校企协同的编写模式具有显著的优势，不仅保证了教材内容的准确性和实践性，还将企业的实际需求和丰富经验融入其中，使得学习者能够接触到最新的商业语言和实战技巧，为他们未来从事商务活动奠定坚实的基础。

　　本教材具有广泛的适用性，既适合自学者自主学习，也适用于课堂教学。每一章都设有明确的学习主题，通过阅读文本、完成练习和参与讨论，学习者可以逐步提高其汉语水平。

　　本教材为教育部中外语言交流合作中心 2022 年度教学资源建设一般项目（编号：YHJC22YB135）的结项成果，教育部中外人文交流中心和人工智能与先进制造中外人文交流研究院 2024 年度人文交流专项研究课题（编号：CCIPERGZN202406）、中华职业教育社 2024 年度规划课题（编号：ZJS2024YB33）、科技特派员项目（编号：NZ25K35C）的阶段性成果。

　　本教材的编写得到了学校和企业的大力支持与帮助，在此我们表示衷心的感谢。然而，由于时间紧迫，编者自身水平有限，教材难免存在疏漏之处。我们诚恳地希望各位专家、同行以及广大教材使用者提出宝贵的意见和建议，以便我们不断改进和完善教材内容，使其更好地服务于国际中文教育和留学生的学习需求。

## 汉语词类简称 Abbreviations

| | | |
|---|---|---|
| 动词（动） | dòngcí | verb (v.) |
| 名词（名） | míngcí | noun (n.) |
| 代词（代） | dàicí | pronoun (pron.) |
| 形容词（形） | xíngróngcí | adjective (adj.) |
| 副词（副） | fùcí | adverb (adv.) |
| 介词（介） | jiècí | preposition (prep.) |
| 数词（数） | shùcí | numeral (num.) |
| 量词（量） | liàngcí | measure word (m.) |
| 连词（连） | liáncí | conjunction (conj.) |
| 叹词（叹） | tàncí | interjection (interj.) |
| 助词（助） | zhùcí | particle (part.) |

## 《商务汉语》人物表 Characters

张森蒙（男，美国）

王　佳（女，中国）

大卫先生（男，法国）

李经理（男，中国，东日公司）

王经理（男，中国，通达公司）

# CONTENTS 目录

第一单元

# 商务交流

## Unit 1
## Business Communication

在本单元，你会了解到在中国第一次见面的时候如何与人打招呼、收到礼物时如何向对方表达感谢、如何用汉语表达电话号码等内容，这些都能够帮助你更好地参与商务场景下的各类交流。

In this unit, you will learn how to greet people when meeting them for the first time, how to express gratitude when receiving a gift, and how to express phone numbers in Chinese, etc. All these can help you better participate in various types of communication in business scenarios.

# 很高兴认识你

## Nice to Meet You

前热身 Warm-up

1. 在你的国家，第一次见面如何跟人打招呼？
2. 在中国，如何询问其他人的姓氏？

### 课文 Texts

**课文一**

A：您好！

B：您好！

A：我叫Simon，中文名字是张森蒙。请问您贵姓？

B：我姓王，我叫王佳。

A：我是大学生，我在外贸公司实习。您呢？

B：我在物流公司工作。

A：很高兴认识您。

B：我也很高兴认识您。

**kèwén yī**

A：Nínhǎo！

B：Nínhǎo！

A：Wǒ jiào Simon, zhōngwén míngzi shì Zhāng Sēnméng. Qǐngwèn nín guìxìng？

B：Wǒ xìng Wáng, wǒ jiào Wáng Jiā.

A：Wǒ shì dàxuéshēng, wǒ zài wàimào gōngsī shíxí. Nín ne？

B：Wǒ zài wùliú gōngsī gōngzuò.

A：Hěn gāoxìng rènshi nín.

B：Wǒ yě hěn gāoxìng rènshi nín.

## 课内练习 Exercises

一　分角色朗读课文。Role-play the conversation.

二　根据课文内容，回答问题。Answer the following questions according to the text.

1. A 叫什么名字？
2. B 叫什么名字？
3. A 在什么地方实习？
4. B 在什么地方工作？

三　听一听，跟读句子。Listen and read the sentences.

1. 请问您贵姓？
2. 我姓王，我叫王佳。
3. 我是大学生，我在外贸公司实习。您呢？
4. 我在物流公司工作。
5. 很高兴认识您。

## 生词学习 New words

| 您好 | nínhǎo | Hello |
|---|---|---|
| 我（代） | wǒ | I |
| 叫（动） | jiào | be called |
| 中文（名） | zhōngwén | Chinese |
| 名字（名） | míngzi | name |
| 请问 | qǐngwèn | excuse me |
| 贵姓 | guìxìng | your (honourable) surname |
| 姓（动） | xìng | be surnamed |
| 是（动） | shì | be |
| 大学生（名） | dàxuéshēng | college student |
| 在（介） | zài | in |
| 外贸（名） | wàimào | foreign trade |
| 公司（名） | gōngsī | company |

| 实习（动） | shíxí | intern |
|---|---|---|
| 您（代） | nín | you |
| 呢（助） | ne | used at the end of a question |
| 物流（名） | wùliú | logistics |
| 工作（动） | gōngzuò | work |
| 高兴（形） | gāoxìng | glad |
| 认识（动） | rènshi | know |
| 也（副） | yě | also, too |

## 课文二

A：您好！请问您怎么称呼？

B：您好！我姓王，我叫王佳。请问您贵姓？

A：免贵姓李。这是我的名片。

B：谢谢，这是我的名片。

A：王经理您好，久仰大名。

B：哪里哪里。

A：王经理也在外贸公司工作吗？

B：是啊。以后有机会，我们可以一起合作。

## kèwén èr

A：Nínhǎo！ Qǐngwèn nín zěnme chēnghū？

B：Nínhǎo！ Wǒ xìng Wáng， wǒ jiào Wáng Jiā. Qǐngwèn nín guìxìng？

A：Miǎn guì xìng Lǐ. Zhè shì wǒ de míngpiàn.

B：Xièxie， zhè shì wǒ de míngpiàn.

A：Wáng jīnglǐ nínhǎo， jiǔyǎngdàmíng.

B：Nǎlǐ nǎlǐ.

A：Wáng jīnglǐ yě zài wàimào gōngsī gōngzuò ma？

B：Shì a. Yǐhòu yǒu jīhuì， wǒmen kěyǐ yìqǐ hézuò.

## 课内练习 Exercises

一　分角色朗读课文。Role-play the conversation.

二　根据课文内容，回答问题。Answer the following questions according to the text.

　　1. A 姓什么？

　　2. B 叫什么名字？

　　3. B 在什么地方工作？

三　听一听，跟读句子。Listen and read the sentences.

　　1. 请问您怎么称呼？

　　2. 免贵姓李。这是我的名片。

　　3. 王经理您好，久仰大名。

　　4. 哪里哪里。

　　5. 是啊。以后有机会，我们可以一起合作。

## 生词学习 New words

| 称呼（动） | chēnghū | call |
|---|---|---|
| 谢谢 | xièxie | thank you |
| 的（助） | de | used after an attribute |
| 名片（名） | míngpiàn | business card |
| 经理（名） | jīnglǐ | manager |
| 久仰大名（成语） | jiǔyǎngdàmíng | I've heard a lot about you |
| 以后（名） | yǐhòu | afterwards |
| 机会（名） | jīhuì | opportunity |
| 我们（代） | wǒmen | we, us |
| 一起（副） | yìqǐ | together |
| 合作（动） | hézuò | cooperate |

# 语言点链接 Language points

**一 "您" 的用法 Usage of "您" (nín)**

"您"，"你" 的敬称。生活中，通常对表示尊敬的人，使用 "您" 字。对于不熟悉的人或者陌生人，也可以适当地用 "您" 来称呼对方，"您" 就是一种尊称。

"您" (nín) serves as the polite form of "你" (nǐ). In everyday life, "您" (nín) is used to convey respect towards someone. It is also appropriate to use "您" (nín) when addressing unfamiliar individuals or strangers, as it functions as an honorific.

（1）奶奶您请坐。

（2）老板，您有什么需要？

（3）您是哪位？

（4）请您让一下。

**二 "哪里哪里" 的用法 Usage of "哪里哪里" (nǎlǐ nǎlǐ)**

谦词，是中国人谦虚的说法。当有人夸奖自己的时候，可以用 "哪里哪里" 来回复，婉转地表达否定的意思，表明自己的谦虚。

Modesty expressions are a means for Chinese people to exhibit humility. When receiving praise, one can respond with "哪里哪里" (nǎlǐ nǎlǐ), a polite way to humbly deny the compliment and demonstrate modesty.

（1）A：你的汉语很好。

B：哪里哪里。

A：你真聪明。

B：哪里哪里。

**三 "贵姓" 的用法 Usage of "贵姓" (guìxìng)**

"贵姓" 是中国人询问他人姓氏时一种礼貌的问法。

"贵姓" (guìxìng) is a polite way for Chinese people to ask someone's surname.

> **❶ 注意 NOTE**
>
> 当别人问 "你/您贵姓？" 时，回答时不能说 "我贵姓……"。可以说 "免贵姓……" 或 "我姓……"。
>
> When someone ask you "你/您贵姓？" (What is your honorable surname?), it is not appropriate to respond with "我贵姓……" (My honorable surname is...). Instead, one can reply with "免贵姓……" (Surname...) or simply "我姓……" (My surname is...).

**四** "是"的用法 Usage of "是" (shì)

"是"字句，用于表达人或事物等于什么或者属于什么。否定形式是在"是"前加上否定副词"不"。

The "是" (shì) sentence structure in Mandarin Chinese functions as a means to convey equivalence or possession concerning a person or object. The negative form of this structure involves the insertion of the negative adverb "不" before the verb "是" (shì).

（1）我是学生。

（2）他是我的老板。

（3）我是外国人。

（4）他不是实习生。

**五** 疑问助词"呢"的用法 Usage of "呢" (ne)

1. "呢"用在名词或代词后构成疑问句，用于询问上文提到的情况。常用的句式是：A……。B呢？

The particle "呢" (ne) frequently follows a noun or pronoun to construct a question, typically aiming at clarifying a previously mentioned situation or inquiring about a similar circumstance concerning a different subject. The conventional pattern for employing "呢" (ne) is exemplified by "A……。B呢？"

（1）我是大学生。你呢？

（2）她叫王佳。他呢？

2. "呢"置于句末，询问人或事物的位置。

The particle "呢" (ne) is frequently positioned at the end of a sentence to inquire about the location of a person or object.

（1）我的电脑呢？

（2）王经理呢？

**六** 介词"在"的用法 Usage of "在" (zài)

"在"后边加上表示位置的词语，用于介绍动作行为发生的位置。

The word "在" (zài) is used before terms indicating location to introduce where an action or event is taking place.

（1）我在医院工作。

（2）她在商场买东西。

（3）我们在中国旅行。

（4）王经理在公司开会。

**七 结构助词"的"用法 Usage of "的" (de)**

"名词／代词＋的＋名词"表达一种所属关系。当"的"后的名词是亲属称谓或指人的名词时，"的"可以省略。

The syntactic structure "noun/pronoun+ 的 +noun" denotes a possessive or belonging relationship. When the noun following "的" (de) is a kinship term or a noun referring to an individual, the particle "的" (de) can often be omitted.

（1）这是我的办公室。

（2）这是他的名片。

（3）这个不是我（的）手机。

（4）他不是我同学，他是我（的）朋友。

## 课后练习 Exercises

**一 看拼音写汉字。** Look at the *pinyin* and write the words.

jiǔyǎngdàmíng　　jīhuì　　shíxí　　wùliú　　gāoxìng

（　　　　）　（　　　）　（　　　）　（　　　）　（　　　）

dàxuéshēng　　gōngsī　　gōngzuò　　rènshi　　wǒmen

（　　　　）　（　　　）　（　　　）　（　　　）　（　　　）

**二 选词填空。** Choose the right words to fill in the blanks.

| 合作　　呢　　的　　一起　　大学生 |
| --- |

1. 希望我们可以（　　　　）愉快！

2. 我们（　　　　）去公司吧。

3. 他是（　　　　）。

4. 我是美国人，你（　　　　）？

5. 这是我（　　　　）老师。

**三 对话配对。** Match the sentences.

1. 您好，请问您贵姓?

2. 很高兴认识您。

3. 第一次见面，久仰大名。

4. 他是谁?

5. 希望我们可以继续合作。

A. 很高兴认识您。

B. 哪里哪里。

C. 他是我的同事。

D. 免贵姓张。

E. 一定!

四 **把下面的词语整理成句子**。Rearrange the following words and phrases to make sentences.

1. 您　　　请问　　　称呼　　　怎么

2. 贵姓　　　请问　　　您

3. 我　　　的　　　这　　　名片　　　是

4. 在　　　公司　　　物流　　　工作　　　我

5. 客气　　　了　　　您

五 **听录音，判断对错**。Listen to the recording and judge whether the statements are true or false.

1. 他在学校工作。

2. 他姓刘。

3. 他们是第一次见面。

4. 那个女生是我的朋友。

5. 他们要继续合作。

## 拓展活动 Extension activities

　　假如你和刚来中国的新同事即将与其他公司的人进行商务会面，这是你们的第一次会面。请你为你的新同事介绍一下在中国第一次见面时应该怎么打招呼，以及应该注意的事项。

　　Suppose you and a new colleague, who has just arrived in China, are about to have a business meeting with people from other companies for the first time. Please introduce to your new colleague how to greet people when meeting for the first time in China and the matters that should be noted.

# 第二课
## Lesson 2 期待下次见面
### Looking Forward to Meeting Again

## 课前热身 Warm-up

1. 在你的国家，合作结束时会互相送礼物吗？
2. 在你的国家，送客的时候一般会说什么？

## 课文 Texts

### 课文一

A：非常感谢您的招待！

B：不客气！

A：今天很开心，我们觉得中国菜很美味。

B：您客气了，我们还准备了一点儿小礼物。

A：真的吗？非常感谢。

B：礼物是中国的国画和团扇，它们都很有纪念意义，希望您能喜欢。

A：谢谢，我们对下次的见面非常期待！

B：我们也很期待，再见！

A：再见！

### kèwén yī

A：Fēicháng gǎnxiè nín de zhāodài！

B：Bú kèqi！

A：Jīntiān hěn kāixīn, wǒmen juéde Zhōngguócài hěn měiwèi.

B：Nín kèqi le, wǒmen hái zhǔnbèi le yìdiǎnr xiǎo lǐwù.

A：Zhēn de ma? Fēicháng gǎnxiè.

B：Lǐwù shì Zhōngguó de guóhuà hé tuánshàn, tāmen dōu hěn yǒu jìniàn yìyì, xīwàng nín néng xǐhuān.

A：Xièxie, wǒmen duì xià cì de jiànmiàn fēicháng qīdài！

B：Wǒmen yě hěn qīdài, zàijiàn！

A：Zàijiàn！

## 课内练习 Exercises

一 分角色朗读课文。Role-play the conversation.

二 根据课文内容，回答问题。Answer the following questions according to the text.

1. A感觉怎么样？

2. 什么菜很美味？

3. B准备了什么礼物？

三 听一听，跟读句子。Listen and read the sentences.

1. 非常感谢您的招待！

2. 您客气了，我们还准备了一点儿小礼物。

3. 真的吗？非常感谢。

4. 礼物是中国的国画和团扇，它们都很有纪念意义，希望您能喜欢。

5. 我们也很期待，再见！

## 生词学习 New words

| 非常（副） | fēicháng | very, extremely |
|---|---|---|
| 感谢（动） | gǎnxiè | thank |
| 招待（动） | zhāodài | entertain |
| 不客气 | bú kèqi | you're welcome |
| 今天（名） | jīntiān | today |
| 很（副） | hěn | very |
| 开心（形） | kāixīn | happy |
| 觉得（动） | juéde | think |
| 中国菜（名） | Zhōngguócài | Chinese food |

| 美味（形） | měiwèi | delicious, yummy |
| 还（副） | hái | also, too |
| 准备（动） | zhǔnbèi | prepare |
| 一点儿（量） | yìdiǎnr | a little |
| 小（形） | xiǎo | small |
| 礼物（名） | lǐwù | gift |
| 真（副） | zhēn | really |
| 和（连） | hé | and |
| 希望（动） | xīwàng | hope |
| 能（助） | néng | can, may |
| 喜欢（动） | xǐhuān | like |
| 对（介） | duì | (used before a noun or pronoun) to, for |
| 次（量） | cì | time |
| 期待（动） | qīdài | expect |
| 再见 | zàijiàn | see you |

## 课文二

A：非常高兴认识你们！这次的交流很愉快！

B：谢谢，希望我们合作顺利。

A：欢迎下次来我们公司考察。

B：好的，你们是几点的飞机？

A：下午两点多。

B：我们安排了车送你们去机场。

A：谢谢，非常感谢你们的热情招待！

B：不客气！祝你们一路平安！

## kèwén èr

A：Fēicháng gāoxìng rènshi nǐmen！　Zhè cì de jiāoliú hěn yúkuài！

B：Xièxie, xīwàng wǒmen hézuò shùnlì.

A：Huānyíng xià cì lái wǒmen gōngsī kǎochá.

B：Hǎo de, nǐmen shì jǐ diǎn de fēijī？

A：Xiàwǔ liǎng diǎn duō.

B：Wǒmen ānpái le chē sòng nǐmen qù jīchǎng.

A：Xièxie, fēicháng gǎnxiè nǐmen de rèqíng zhāodài！

B：Bú kèqi！　Zhù nǐmen yílùpíng'ān！

## 课内练习 Exercises

一 分角色朗读课文。Role-play the conversation.

二 根据课文内容，回答问题。Answer the following questions according to the text.

1. A觉得交流得怎么样？

2. B希望合作怎么样？

3. A是几点的飞机？

三 听一听，跟读句子。Listen and read the sentences.

1. 非常高兴认识你们！这次的交流很愉快！

2. 谢谢，希望我们合作顺利。

3. 欢迎下次来我们公司考察。

4. 谢谢，非常感谢你们的热情招待！

5. 祝你们一路平安！

## 生词学习 New words

| 交流（名） | jiāoliú | communication |
| --- | --- | --- |
| 愉快（形） | yúkuài | pleasant |
| 顺利（形） | shùnlì | smooth |
| 欢迎（动） | huānyíng | welcome |

| 考察（动） | kǎochá | investigate |
|---|---|---|
| 几（代） | jǐ | how many |
| 点（量） | diǎn | o'clock |
| 飞机（名） | fēijī | airplane |
| 下午（名） | xiàwǔ | afternoon |
| 安排（动） | ānpái | arrange |
| 车（名） | chē | car, vehicle |
| 送（动） | sòng | send |
| 机场（名） | jīchǎng | airport |
| 热情（形） | rèqíng | enthusiastic |
| 祝（动） | zhù | wish |
| 一路平安（成语） | yílùpíng'ān | have a safe journey |

# 语言点链接 Language points

一 "都"的用法 Usage of "都" (dōu)

"都"，副词，表示总括全部。所总括的对象必须放在"都"的前面。

The adverb "都" (dōu) serves to denote the inclusion of all items or individuals referenced within a statement. Notably, the entities being encompassed must precede the adverb "都" (dōu).

（1）我们都是学生。

（2）他们都喜欢中国的国画。

（3）这些都是王佳的礼物。

（4）你们都是中国人吗？

二 "了"的用法 Usage of "了" (le)

1.动态助词"了"通常位于动词之后表示动作完成。

The dynamic particle "了" (le) usually comes after the verb to indicate the completion of the action.

（1）他准备了一些中国菜。

（2）你买了几件衣服？

（3）我吃了一个苹果。

2.“动词+了”的否定形式是：没（有）+动词+宾语，“了”要去掉。

The negative form of "动词+了 (le)" is "没（有)+verb + object". In the negative form, "了" (le) should be omitted.

（1）他没（有）准备中国菜。

（2）我没（有）买衣服。

（3）我没（有）吃苹果。

### 三　"还"的用法 Usage of "还"(hái)

"还"，表示在某种程度之上有所增加或在某个范围之外有所补充。

The word "还" (hái) in Chinese means to increase to some extent or to supplement beyond a certain scope.

（1）除了这些蛋糕，他还买了水果。

（2）他今天去了银行、超市，还去了学校。

### 四　"和"的用法 Usage of "和"(hé)

"和"，连词，用于连接两个或者两个以上并列的成分，表示一种并列关系。

The conjunction "和" (hé) functions to conjoin two or more parallel elements, thereby indicating a relationship of coordination.

（1）我有一本汉语书和一本英语书。

（2）这里有一杯咖啡和一个面包。

（3）房间里有妈妈和爸爸。

### 五　"对"的用法 Usage of "对"(duì)

对，介词，用于引出动作或情感所针对的对象。

The preposition "对" (duì) is used to introduce the object targeted by an action or emotion.

（1）医生对病人非常耐心。

（2）他对朋友很热情。

（3）我对中国菜很有兴趣。

（4）抽烟对身体不好。

### 六　"几"的用法 Usage of "几"(jǐ)

1.“几”可以表示 10 以内的不定个数，后边要有量词。

The term "几" (jǐ) serves to denote an indefinite number less than 10 and must be accompanied by a classifier (measure word).

（1）教室里有几个学生。

（2）我想去超市买几支笔。

2.“十几”表示大于 10 小于 20 的数字，“几十”表示大于 20 小于 100 的数字。

"十几"(shí jǐ) refers to a number between 10 and 20, while "几十"(jǐ shí) refers to a number between 20 and 100.

（1）他读了十几本书。

（2）这里有几十家商店。

## 七 "多" 的用法 Usage of "多"(duō)

1.“多”与数量词搭配使用，表示数量略高于指定数目。当数词是 10 以下的数字时，“多”用在量词之后。

The word "多"(duō) is used with numerical quantifiers to indicate a small amount exceeding a specified number. When the numeral is less than 10, "多"(duō) follows the measure word.

（1）五个多月。

（2）一个多星期。

2.当数量词是 10 以上的整数时，“多”用在量词前，在这种情况下，“多”和“几”通用。

When the numeral exceeds 10, the modifier "多"(duō) precedes the measure word. In this scenario, "多"(duō) and "几"(jǐ) are interchangeable.

（1）十多个人。

（2）二十几个人。

## 八 "点""分" 在时间里的用法 Usage of "点"(diǎn) and "分"(fēn)

1.汉语表达时间的时候要用“点”“分”，遵循由大到小的顺序。

The terminology "点"(diǎn) denotes the hour while "分"(fēn) signifies the minute, adhering to a sequence from the largest to the smallest unit.

（1）2：00　　两点

（2）9：00　　九点

（3）13：00　　十三点

> **！注意 NOTE**
>
> 1.在表达 2 o'clock 时，我们说两点（liǎng diǎn），不说二点（èr diǎn）。
>
> The counterpart of 2 o'clock in Chinese is "两点"(liǎng diǎn) instead of "二点"(èr diǎn).

2.在表达非整点的时候，要用到"分"，格式是"……点……分"。

When expressing time that is not on the hour, use the format "……点(diǎn)……分(fēn)".

（1）2：08　　两点零（líng, zero）八分

（2）3：30　　三点三十分

（3）11：12　　十一点十二分

3.如果区分上午或者下午，一般格式是"上午……点（……分）""下午……点（……分）"。

The distinction between morning and afternoon is delineated through the pattern "上午……点(diǎn)(……分[fēn])" or "下午……点(diǎn)(……分[fēn])".

（1）9：00 am　　上午九点

（2）4：20 pm　　下午四点二十分

（3）5：37 pm　　下午五点三十七分

4.询问时间时，一般是问"几点了？""什么时候了？"。

The typical formats for asking about the time are "几点了？"( jǐ diǎn le?) (What time is it?) and "什么时候了？"(shénme shíhou le?) (What time is it now?).

## 课后练习 Exercises

**一** 看拼音写汉字。Look at the *pinyin* and write the words.

| yílùpíng'ān | shùnlì | fēicháng | kǎochá | xǐhuān |
|---|---|---|---|---|
| （　　　） | （　　　） | （　　　） | （　　　） | （　　　） |

| juéde | xiàwǔ | yúkuài | jiāoliú | gǎnxiè |
|---|---|---|---|---|
| （　　　） | （　　　） | （　　　） | （　　　） | （　　　） |

**二** 选词填空。Choose the right words to fill in the blanks.

| 欢迎 | 希望 | 招待 | 飞机 | 热情 |
|---|---|---|---|---|

1.我们对你们的到来非常（　　　　）。

2.当地人很（　　　　）。

3.这架（　　　　）很大。

4.每个人都（　　　　）自己可以实现梦想。

5.他对我们的（　　　　）很满意。

三 **对话配对**。Match the sentences.

1. 这些中国菜怎么样？

2. 期待下次见面！

3. 你买了什么？

4. 现在几点了？

5. 他回家了吗？

A. 两点四十六分。

B. 祝你们一路平安！

C. 很美味。

D. 没有。他还在图书馆学习呢。

E. 我买了一些水果。

四 **把下面的词语整理成句子**。Rearrange the following words and phrases to make sentences.

| | | | | |
|---|---|---|---|---|
| 1. 愉快 | 交流 | 我们的 | 很 | |
| 2. 很喜欢 | 他们 | 这些 | 都 | 中国菜 |
| 3. 他 | 人 | 一些 | 看见了 | |
| 4. 现在 | 三十分 | 上午 | 十点 | 是 |
| 5. 学习 | 他们 | 汉语 | 还 | 了 |

五 **听录音，判断对错**。Listen to the recording and judge whether the statements are true or false.

1. 他们是三点五十分的飞机。

2. 他买了咖啡和苹果。

3. 他们没有准备礼物。

4. 小王周末看了电影。

5. 男生还想去书店。

## 拓展活动 Extension activities

假如你的同事需要送别他的客户，在送别讲话的时候需要注意什么？挑选礼物的时候需要注意什么？需要安排车送客户离开吗？请你详细为他讲一讲。

If your colleague needs to see off his client, what should be noted when making a farewell speech? What should be noted when choosing a gift? Is it necessary to arrange a car to send the client away? Please explain it to him in detail.

# 我找王经理

## I'm Looking for Manager Wang

 前热身 Warm-up

1. 你知道如何电话预约商务见面吗?
2. 你知道在中国电话号码如何表达吗?

 文 Texts

### 课文一

A：您好！通达外贸公司。

B：您好！我找王经理。

A：请问您是哪位?

B：我是东日公司的李经理。

A：请问您有什么事情吗?

B：我要和王经理商量一下合同的细节。

A：好的，请稍等，我帮您转接他的助理。

B：好的，谢谢。

### kèwén yī

A：Nínhǎo！ Tōngdá Wàimào Gōngsī.

B：Nínhǎo！ Wǒ zhǎo Wáng jīnglǐ.

A：Qǐngwèn nín shì nǎ wèi?

B：Wǒ shì Dōngrì Gōngsī de Lǐ jīnglǐ.

A：Qǐngwèn nín yǒu shénme shìqing ma?

B：Wǒ yào hé Wáng jīnglǐ shāngliang yíxià hétóng de xìjié.

A：Hǎo de, qǐng shāoděng, wǒ bāng nín zhuǎnjiē tā de zhùlǐ.

B：Hǎo de, xièxie.

## 课内练习 Exercises

**一** 分角色朗读课文。Role-play the conversation.

**二** 根据课文内容，回答问题。Answer the following questions according to the text.

1. B 要找谁？

2. B 要干什么？

3. A 是什么公司的？

**三** 听一听，跟读句子。Listen and read the sentences.

1. 您好！我找王经理。

2. 请问您是哪位？

3. 好的，请稍等，我帮您转接他的助理。

4. 好的，谢谢。

## 生词学习 New words

| 找（动） | zhǎo | look for |
|---|---|---|
| 什么（代） | shénme | what |
| 事情（名） | shìqing | thing |
| 要（助） | yào | want |
| 商量（动） | shāngliang | negotiate |
| 一下（数量） | yíxià | used after a verb, indicating an act or an attempt |
| 合同（名） | hétóng | contract |
| 细节（名） | xìjié | details |
| 稍等 | shāoděng | wait a moment |
| 帮（动） | bāng | help |
| 转接（动） | zhuǎnjiē | transfer |
| 助理（名） | zhùlǐ | assistant |

## 课文二

A：您好！王经理助理办公室。

B：您好！我是东日公司的李经理，我找王经理。

A：不好意思，他不在办公室，他正在开会呢。

B：可是我有一个事情想找王经理商量一下。

A：我帮您转达一下，好吗？

B：最好能和他本人沟通一下，请他给我回一个电话，好吗？

A：稍等，我帮您登记一下。请问您的电话号码是多少？

B：12345678900。麻烦您了。

A：不客气。

## kèwén èr

A：Nínhǎo！ Wáng jīnglǐ zhùlǐ bàngōngshì.

B：Nínhǎo！ Wǒ shì Dōngrì Gōngsī de Lǐ jīnglǐ, wǒ zhǎo Wáng jīnglǐ.

A：Bùhǎoyìsi, tā bú zài bàngōnshì, tā zhèngzài kāihuì ne.

B：Kěshì wǒ yǒu yí gè shìqing xiǎng zhǎo Wáng jīnglǐ shāngliang yíxià.

A：Wǒ bāng nín zhuǎndá yíxià, hǎo ma？

B：Zuìhǎo néng hé tā běnrén gōutōng yíxià, qǐng tā gěi wǒ huí yí gè diànhuà, hǎo ma？

A：Shāoděng, wǒ bāng nín dēngjì yíxià. Qǐngwèn nín de diànhuà hàomǎ shì duōshao？

B：Yāo èr sān sì wǔ liù qī bā jiǔ líng líng. Máfán nín le.

A：Bú kèqi.

## 课内练习 Exercises

🟢 一 分角色朗读课文。Role-play the conversation.

🟢 二 根据课文内容，回答问题。Answer the following questions according to the text.

1. 王经理在办公室吗？

2. B是什么公司的？

3. B的电话号码是多少？

三 **听一听，跟读句子**。Listen and read the sentences.

1. 不好意思，他不在办公室，他正在开会呢。

2. 可是我有一个事情想找王经理商量一下。

3. 最好能和他本人沟通一下，请他给我回一个电话，好吗？

4. 稍等，我帮您登记一下。请问您的电话号码是多少？

5. 12345678900。麻烦您了。

## 生词学习 New words

| | | |
|---|---|---|
| 办公室（名） | bàngōngshì | office |
| 不好意思 | bùhǎoyìsi | sorry |
| 正在（副） | zhèngzài | in the process of (an action) just happening, indicating an action in progress |
| 开会（动） | kāihuì | attend a meeting |
| 可是（连） | kěshì | but |
| 有（动） | yǒu | have |
| 转达（动） | zhuǎndá | convey |
| 最好（副） | zuìhǎo | had better |
| 沟通（动） | gōutōng | communicate |
| 电话（名） | diànhuà | telephone |
| 登记（动） | dēngjì | register |
| 号码（名） | hàomǎ | number |
| 麻烦（动） | máfán | bother |

## 语言点链接 Language points

一 **"一下"的用法 Usage of "一下"**（yíxià）

"一下"用在动词后面，表示一次短暂的动作，也表示"做一次"或者"试着做"的意思。宾语可以省略。

The phrase "一下" (yíxià) employed post-verb signifies a brief or fleeting action, often implying a trial or a single attempt. Notably, the object can be omitted in this context.

（1）你听一下。

（2）我们休息一下吧。

（3）我登记一下号码。

（4）你可以尝一下中国菜。

◉ "……好吗？" 的用法 Usage of "……好吗？" (……hǎoma？)

1."……好吗？" 常用来表示询问别人的意见和看法。

"……好吗？" (……hǎoma?) is commonly used to ask for someone's opinion or viewpoint.

（1）我们一起去图书馆，好吗？

（2）请他给我打电话，好吗？

（3）我们坐飞机去旅游，好吗？

（4）我们喝绿茶，好吗？

2.肯定的回答是 "好" "好的" "好啊" "行" 等。如果不同意，可以说出自己的意见，一般不直接说 "不好" "不行"。

Affirmative responses in Chinese may include expressions such as "好" (hǎo), "好的" (hǎo de), "好啊" (hǎo a) and "行" (xíng), among others. Conversely, when expressing disagreement, it is advisable to articulate one's own perspective, typically avoiding direct negations like "不好" (bù hǎo) or "不行" (bù xíng).

◉ "在……呢" Usage of "在……呢" (zài……ne)

1.动词前加上副词 "在"，句末用语气助词 "呢"，表示动作正在进行。

The introduction of the adverb "在" (zài) preceding a verb and the utilization of the modal particle "呢" (ne) at the conclusion of a sentence serves to denote the ongoing nature of an action.

（1）我在喝咖啡呢。

（2）他在学习汉语呢。

（3）你在做什么呢？

2."没在＋动词／动词词组" 表示没有正在进行某个动作，句尾不能用 "呢" (ne)。

"没在 (méi zài)+verb/verb phrase" denotes that the action mentioned is not on the going; "呢" (ne) shall be omitted.

（1）我没在买东西。

（2）他没在学习汉语。

（3）王经理没在开会。

四 电话号码的读法 Pronunciation of phone numbers

电话号码的读法与一般数字的读法有所不同。电话号码要一位一位地读。电话号码中的数字"1"要读成yāo。

Telephone numbers are enunciated distinctively from general numerical sequences, with each digit being vocalised individually. Specifically, the numeral "1" within a telephone number is pronounced as "yāo".

（1）89230654      bā jiǔ èr sān líng liù wǔ sì

（2）12372625241      yāo èr sān qī èr liù èr wǔ èr sì yāo

（3）23196738      èr sān yāo jiǔ liù qī sān bā

## 课后练习 Exercises

一 **看拼音写汉字**。Look at the *pinyin* and write the words.

| bùhǎoyìsi | máfán | kěshì | shāoděng | xūyào |
|---|---|---|---|---|
| （        ） | （        ） | （        ） | （        ） | （        ） |

| bàngōngshì | gōutōng | kāihuì | shāngliang | zhùlǐ |
|---|---|---|---|---|
| （        ） | （        ） | （        ） | （        ） | （        ） |

二 **选词填空**。Choose the right words to fill in the blanks.

| 转达 | 稍等 | 最好 | 办公室 | 沟通 |
|---|---|---|---|---|

1.需要我帮你（        ）吗？

2.你的（        ）在哪里？

3.请（        ）一下，我帮您登记。

4.我觉得你最好和他（        ）一下。

5.我觉得你（        ）打一个电话。

三 **对话配对**。Match the sentences.

1.您好，请问您是哪位？

2.您的电话号码是多少？

3.我们一起去逛街，好吗？

4.我很累。

5.我要买电脑。

A.12345998765

B.你可以休息一下。

C.我是外贸公司李雷。

D.那我们去商场看看。

E.好的。

四　把下面的词语整理成句子。Rearrange the following words and phrases to make sentences.

1. 电视　　看　　　　在　　　　我　　　　呢
2. 请　　　一下　　　您　　　稍等
3. 今天　　开会　　　吗　　　需要
4. 他　　　休息　　　在　　　没
5. 游戏　　我　　　　玩　　　不能

五　听录音，判断对错。Listen to the recording and judge whether the statements are true or false.

1. 他们准备一起吃午饭。
2. 男生想尝一下中国菜。
3. 张经理的电话号码是 12345678908。
4. 小王没在看电视。
5. 他们不想去饭店。

## 拓展活动 Extension activities

假如你的同事需要跟客户打电话沟通一些工作上的事情，请你为他详细讲解一下，打电话的时候需要讲清楚的事情以及在中国打电话的礼仪。

If your colleague needs to communicate with a client over the phone about some work-related matters, please explain in detail what needs to be clarified during the call and the etiquette of making phone calls in China.

## 商务小贴士 Business tips

### 名片礼仪与商务馈赠礼仪[1]

#### 一　名片礼仪

随着互联网的不断发展，目前中国的商务场合一般会通过扫二维码的方式添加社交软件账号，但在与外国友人进行商务活动的过程中，名片仍然是社交活动的重要工具。因此，名片的递送、接受、存放等礼仪是参与商务交流活动

[1] 参见：杨雅蓉. 高端商务礼仪与沟通：让你身价倍增的社交礼仪. 北京：化学工业出版社，2019.

的人员的必备知识。

1.名片携带

（1）足量适用

在参加正式的交际活动之前，都应随身携带自己的名片，以备交往之用。在社交场合活动中携带的名片一定要数量充足，确保能（够）用。所带名片要分类，根据不同交往对象使用不同名片。

（2）完好无损

名片要保持干净整洁，切不可出现折皱、污损、涂改的情况。

（3）放置到位

名片应统一置于名片夹、公文包或上衣口袋之内，在办公室时还可放于名片架或办公桌内。切不可随便放在钱包、裤袋之内。放置名片的位置要固定，以免需要名片时东找西寻，显得毫无准备。

2.递交名片

在递交名片时，商务人员应当因时、因地、因人制宜，特别注意以下几个步骤：观察意愿—把握时机—讲究顺序—打好招呼—礼貌发放。

也就是说，名片务必要在交往双方均有结识对方并欲建立联系的意愿前提下发送。发送名片要掌握适宜时机，只有在确有必要时发送名片，才会令名片发挥功效。发送名片一般应选择初识之际或分别之时，不宜过早或过迟。不要在用餐、观剧、跳舞等时机发送名片，也不要在大庭广众之下向多位陌生人发送名片。双方交换名片时，应当首先由位低者向位高者发送名片，再由后者回复前者。但在多人之间递交名片时，最佳方法是由近而远、按顺时针或逆时针方向依次发送。递上名片前，应当先向对方打个招呼，令对方有所准备。递名片时应起身站立，走上前去，双手将名片正面对着对方，递给对方。

3.接受名片

接受他人名片时，要做到态度谦和、认真阅读、精心存放、有来有往。也就是说，在接受名片的时候，需要起身站立相迎，双手接过名片，或者用右手接过名片。随即表示感谢，并仔细阅读名片的内容。谨慎地将收到的名片放在公文包等的相对明确的区域。注意要和自己的名片分开存放。

这样以名片换名片的方式，也很好地解决了当想要主动结识对方时，积极表达交换名片的需求，从而间接获取自己想要的信息。

## 二 商务馈赠礼仪

在商务交往中互赠礼品可以让人感觉到自己被重视，能传递感情，在双方之间架起一个沟通的桥梁。得体的馈赠恰似无声的使者，为交际活动锦上添花，为人们之间的感情和友谊注入新的活力。但是在馈赠礼物时，必须遵守一些基本的礼仪，否则往往会适得其反。

面向外国商务人士的礼品选择需要从收礼人的特点、喜好，送礼的目的，与收礼人的关系的角度进行考虑。一般情况下，第一次拜访或接待外国客商时，可以根据外宾的性别、风俗习惯等选择保存时间较长的、能够代表中国特色的礼品，这些是非常受他们欢迎的。

### Business Card and the Etiquette for Selecting Business Gift

**I. Business card**

With the continuous development of the Internet, business occasions in China nowadays usually add social software account by scanning QR codes, but in the process of conducting business activities with foreign friends, business cards are still an important tool for social activities. Therefore, the etiquette of handing, accepting and storing business cards is essential knowledge for those involved in business communication activities.

1. Carrying business cards

(1) Ample and appropriate use

Before attending formal social events, one should always carry their own business cards for networking purposes. It is important to have an ample supply of business cards at social gatherings to ensure they are readily available. Business cards should be categorised and used accordingly based on the different networking targets.

(2) Pristine condition

Business cards should be kept clean and tidy, free from folds, tears, dirt, stains, or alterations.

(3) Proper placement

Business cards should be uniformly placed in a cardholder, briefcase, or shirt pocket. In the office, they can also be placed in a cardholder or on the desk. Avoid storing them haphazardly in wallets or pants' pockets. The placement of business cards should be consistent to avoid scrambling when needed and appearing unprepared.

2. Handing out business cards

When handing out business cards, business professionals should tailor their approach to the timing, location, and recipient, paying special attention to the following steps: observe interest–seize the opportunity–pay attention to order–greet politely–distribute with courtesy.

In other words, business cards should only be exchanged when both parties have expressed a willingness to connect and establish contact. The distribution of business cards should be timed appropriately; sending a card is most effective when it is necessary. It is best to exchange cards when first meeting or parting ways, avoiding being too early or too late. Avoid handing out cards during meals, performances, dancing, etc., and refrain from distributing cards to multiple strangers in public. When exchanging cards between two individuals, the person of lower status should offer their card first to the person of higher status, who then reciprocates. However, in group settings where multiple people are exchanging cards, it is best to pass them from closer to farther distances in a clockwise or counterclockwise direction. Before offering a card, greet the recipient first to allow them time to prepare. When giving out a card, stand up and approach the recipient with your hands presenting the card face up towards them for them to take.

3. Accepting business cards

When receiving someone else's business card, it is important to maintain a humble and attentive attitude, carefully read the card, handle it with care, and reciprocate in kind. In other words, when accepting a business card, stand up to greet the person, accept the card with both hands or with your right hand. Then express gratitude and carefully read the information on the card. Thoughtfully place the received business card in a clear area of your briefcase or similar item. Make sure to keep it separate from your own cards.

By exchanging business cards in this manner, you effectively address the situation where you wish to proactively connect with someone by expressing the need to exchange cards, indirectly gaining the information you seek.

**II. The etiquette for selecting business gift**

Exchanging gifts in business interactions can make individuals feel valued, convey emotions, and build a bridge of communication between parties. Proper gift-giving acts as a silent messenger, enhancing social activities and injecting new vitality into relationships and friendships. However, when giving gifts, it is essential to adhere to basic etiquette to avoid unintended consequences.

When selecting gifts for foreign business associates, factors such as the recipient's characteristics, preferences, the purpose of the gift-giving, and the relationship with the recipient should be considered. Generally, during the first visit or reception of foreign guests, choosing gifts that represent Chinese characteristics and have a longer shelf life based on the guest's gender and cultural customs is highly appreciated.

第二单元
商务出行

# Unit 2
# Business
# Travel

在本单元，你会了解商务出行中日程安排、交通、住宿等话题的表达，包括制定、更改出差行程，预订和取消预订酒店，查询和订机票等场景，帮助你更好地融入和完成商务场景下的出行任务。

In this unit, you will learn the expressions about topics such as schedule, transportation, and accommodation for business trips, including making and changing business trip itineraries, booking and canceling hotel reservations, querying and booking air tickets and other scenarios. These will help you better integrate into and complete the travel tasks in business scenarios.

# 第四课
## Lesson 4　我想订一张机票
### I Want to Book an Air Ticket

**课前热身 Warm-up**

1. 你预订过机票吗？
2. 说一说你上次坐飞机的经历。

**课文 Texts**

**课文一**

A：您好，中国东方航空。请问有什么可以帮您？

B：我想订一张下周去上海的机票。

A：您几号出发？

B：八月十七号，下周三。

A：您想要上午的还是下午的？

B：上午的。

A：请稍等。很抱歉，上午起飞的航班机票都订完了，帮您订下午三点那班，可以吗？

B：好的。

**kèwén yī**

A：Nínhǎo，Zhōngguó Dōngfāng Hángkōng. Qǐngwèn yǒu shénme kěyǐ bāng nín?

B：Wǒ xiǎng dìng yì zhāng xià zhōu qù Shànghǎi de jīpiào.

A：Nín jǐ hào chūfā?

B：Bā yuè shíqī hào, xià zhōusān.

A：Nín xiǎng yào shàngwǔ de háishi xiàwǔ de?

B：Shàngwǔ de.

A：Qǐng shāoděng. Hěn bàoqiàn, shàngwǔ qǐfēi de hángbān jīpiào dōu dìng

wán le, bāng nín dìng xiàwǔ sān diǎn nà bān, kěyǐ ma？

B：Hǎo de.

## 课内练习 Exercises

一 分角色朗读课文。Role-play the conversation.

二 根据课文内容，回答问题。Answer the following questions according to the text.

1. B 要订去哪儿的机票？

2. B 几号出发？

3. A 在哪儿工作？

4. B 最后订了上午还是下午的机票？

三 听一听，跟读句子。Listen and read the sentences.

1. 请问有什么可以帮您？

2. 我想订一张下周去上海的机票。

3. 您想要上午的还是下午的？

## 生词学习 New words

| 想（助） | xiǎng | want |
|---|---|---|
| 订（动） | dìng | book; order |
| 张（量） | zhāng | used for paper, paintings, tickets, etc. |
| 下周 | xià zhōu | next week |
| 机票（名） | jīpiào | air ticket |
| 出发（动） | chūfā | depart |
| 还是（连） | háishi | or |
| 抱歉（形） | bàoqiàn | sorry, apologetic |
| 起飞（动） | qǐfēi | take off |
| 航班（名） | hángbān | flight |
| 完（动） | wán | use up; finish |

## 课文二

A：您好，中国东方航空。请问有什么可以帮您？

B：我想订下周三去乌鲁木齐的机票。

A：好的。您要订直飞的还是中转的？

B：直飞的。

A：您要订头等舱还是经济舱？

B：我想订头等舱的机票，多少钱？

A：单程一千零五十元，需要订回程的吗？

B：不用了，谢谢。

## kèwén èr

A：Nínhǎo, Zhōngguó Dōngfāng Hángkōng. Qǐngwèn yǒu shénme kěyǐ bāng nín?

B：Wǒ xiǎng dìng xià zhōusān qù Wūlǔmùqí de jīpiào.

A：Hǎo de. Nín yào dìng zhífēi de háishi zhōngzhuǎn de?

B：Zhífēi de.

A：Nín yào dìng tóuděngcāng háishi jīngjìcāng?

B：Wǒ xiǎng dìng tóuděngcāng de jīpiào, duōshao qián?

A：Dānchéng yìqiān líng wǔshí yuán, xūyào dìng huíchéng de ma?

B：Búyòng le, xièxie.

## 课内练习 Exercises

一 **分角色朗读课文**。Role-play the conversation.

二 **根据课文内容，回答问题**。Answer the following questions according to the text.

1. B要订去哪儿的机票？

2. B几号出发？

3. B要订直飞的还是中转的机票？

4. B要订头等舱还是经济舱？

5. B要付多少钱？

三 听一听，跟读句子。Listen and read the sentences.

1.我想订下周三去乌鲁木齐的机票。

2.您要订直飞的还是中转的？

3.我想订头等舱的机票。

## 生词学习 New words

| | | |
|---|---|---|
| 直飞（名） | zhífēi | non-stop flight |
| 中转（动） | zhōngzhuǎn | transit |
| 头等舱（名） | tóuděngcāng | first class |
| 经济舱（名） | jīngjìcāng | economy class |
| 单程（名） | dānchéng | one-way trip |
| 需要（动） | xūyào | need |
| 回程（名） | huíchéng | return trip |

## 语言点链接 Language points

一 "上""下"的用法 Usage of "上" (shàng) and "下" (xià)

1."上＋（个）＋时间词"表示已经过去的时间，例如"上个月""上个星期""上周三""上个世纪"。可以连用两个"上"，表示比前一个更靠前。

"上 (shàng) + （个）(gè) + time phrase" means the time that has passed, such as "上个月" (shàng gè yuè, the last month), "上个星期" (shàng gè xīngqī, the last week), "上周三" (shàng zhōusān, the last Wednesday), "上个世纪" (shàng gè shìjì, the last century). You can use "上" (shàng) two times in a row to indicate that it is ahead of the previous one.

（1）上周我参加了一个商业会议。

（2）他上上个月去了趟三亚。

2."下＋（个）＋时间词"表示即将到来的时间，例如"下个月""下个星期""下周三""下个世纪"。可以连用两个"下"，表示比后一个更靠后。

"下 (xià) + （个）(gè) + time phrase" means the upcoming time, such as "下个月" (xià gè yuè, the next month), "下个星期" (xià gè xīngqī, the next week), "下周三" (xià zhōusān, the next Wednesday), "下个世纪" (xià gè shìjì, the next century). You can use "下" (xià) two times in a row to indicate that it is later than the next one.

（1）帮我预订下周三去美国的机票。

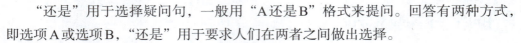

（2）下下个月我要去北京出差。

二 "还是" 的用法 Usage of "还是" (háishi)

"还是" 用于选择疑问句，一般用 "A还是B" 格式来提问。回答有两种方式，即选项 A 或选项 B，"还是" 用于要求人们在两者之间做出选择。

"还是" (háishi) is used in alternative questions, and generally seen in the structure of "A or B". There are two ways you're expected to answer: either "Option A" or "Option B". "还是" (háishi) is used to ask people to make that choice between the two.

（1）A：您订头等舱还是经济舱？

B：经济舱。

（2）A：你喝茶还是咖啡？

B：我喝咖啡。

（3）A：您去北京还是上海？

B：我去北京。

三 "完" 的用法 Usage of "完" (wán)

课文中的 "完" 是动作 "卖" 发生之后的变化结果，作结果补语。结果补语之前一般是动词，后面通常接 "了"。"完" 的用法一般为：主语+动词+完+了。

"完" here is the result of the action "卖" (mài), used as a result complement. Result complements are usually preceded by a verb, and followed by "了" (le).The specific structure is: subject+verb+完+了.

（1）你写完了吗？

（2）他唱完了，该你唱了。

四 "的" 的用法 Usage of "的" (de)

"的" 可以跟代词、形容词、动词等组成一个短语，且后面的中心语可以省略。

"的" (de) can be used after a pronoun, an adjective, a verb to form a phrase, and its headword can often be omitted.

（1）您想要上午的（机票）还是下午的（机票）？

（2）这个手机不是我的。

## 课后练习 Exercises

**一** 看拼音写汉字。Look at the *pinyin* and write the words.

| jīpiào | chūfā | huíchéng | bàoqiàn |
|---|---|---|---|
| （　　　） | （　　　） | （　　　） | （　　　） |

| hángbān | dìng | zhōngzhuǎn | xūyào |
|---|---|---|---|
| （　　　） | （　　　） | （　　　） | （　　　） |

**二** 选词填空。Choose the right words to fill in the blanks.

> 订　　帮　　下　　中转　　需要

1. 我（　　　）您查一下。

2. 我下周三去北京出差，帮我（　　　）张机票。

3. 从宁波飞到上海（　　　）多长时间？

4. 不好意思，没有直飞的了，只有一趟在上海（　　　）的航班。

5. （　　　）个月我有一个重要的会议。

**三** 替换练习。Substitution drill.

1. 我想订一张下周去上海的机票。
　　　一个双人间
　　　一张去北京的火车票
　　　一个包厢

2. 您几号出发？
　　　回来
　　　出差
　　　去上海

3. 您要订直飞的还是中转的？
　　　单人间　　双人间
　　　头等舱　　经济舱
　　　火车票　　机票

**四** 把下面的词语整理成句子。Rearrange the following words and phrases to make sentences.

| 1. 想 | 一张 | 我 | 订 | 机票 |
|---|---|---|---|---|
| 2. 出发 | 你 | 什么 | 时候 | |
| 3. 完 | 卖 | 票 | 都 | 了 |

| 4.喝 | 茶 | 咖啡 | 你 | 还是 |
|---|---|---|---|---|
| 5.这个 | 不是 | 手机 | 我的 | |

五 按照下面的要求，用"还是"句型提问。Follow the instructions below to ask questions by using "háishi".

1.询问对方计划去的中国城市。

_____

2.询问对方想要预订的房间类型。

_____

3.询问对方想要支付的方式。

_____

4.询问对方对菜的口味偏好。

_____

六 听录音，判断对错。Listen to the recording and judge whether the statements are true or false.

1.他想订中国南方航空公司的机票。

2.他计划去上海。

3.他想下周二出发。

4.他订了下周二的机票。

5.他订的航班不需要中转。

## 拓展活动 Extension activities

你的公司派你接待外国客人，你需要电话或邮件联系对方，询问出行时间、随行人数，帮对方预订机票。然后告知对方航班具体信息、出入境注意事项，安排接机工作。

Your company has assigned you to receive foreign guests. You need to contact them by phone or email, ask about the travel time, the number of people accompanying, and book air tickets for them. Then you need to inform them of the specific flight information, the precautions for entry and exit, and arrange the pick-up work.

## 第五课
## Lesson 5 我想预订一个单人间
### I Want to Book a Single Room

前热身 Warm-up

1.你预订过酒店吗？

2.你知道怎么预订酒店吗？你需要提供哪些信息？

**课文 Texts**

**课文一**

A：喂，请问是白云酒店吗？我想预订一个单人间。

B：请问您什么时间入住？

A：九月十号入住，十二号退房。

B：稍等一下，我查查是否还有房间。还有一间房，四百八十元。

A：含早餐吗？

B：含早餐，早餐时间从七点到九点。

A：好，帮我预订一间吧。

B：您确认一下。九月十号到十二号，一个单人间。

A：没问题。

**Kèwén yī**

A：Wéi, qǐng wèn shì Báiyún Jiǔdiàn ma？ Wǒ xiǎng yùdìng yí gè dānrén jiān.

B：Qǐng wèn nín shénme shíjiān rùzhù？

A：Jiǔ yuè shí hào rùzhù, shíèr hào tuìfáng.

B：Shāodĕng yíxià, wǒ chácha shìfǒu hái yǒu fángjiān. Hái yǒu yì jiān fáng,
sì bǎi bāshí yuán.

A：Hán zǎocān ma？

B：Hán zǎocān, zǎocān shíjiān cóng qī diǎn dào jiǔ diǎn.

A：Hǎo, bāng wǒ yùdìng yì jiān ba.

B：Nín quèrèn yí xià. Jiǔ yuè shí hào dào shíèr hào, yí gè dānrén jiān.

A：Méi wèntí.

## 课内练习 Exercises

一 **分角色朗读课文**。Role-play the conversation.

二 **根据课文内容，回答问题**。Answer the following questions according to the text.

1. A 要订一个什么房间？

2. A 打算住几天？

3. 房间多少钱一间？

4. 房间含早餐吗？

三 **听一听，跟读句子**。Listen and read the sentences.

1. 我想预订一个单人间。

2. 稍等一下，我查查是否还有房间。

3. 早餐时间从七点到九点。

## 生词学习 New words

| | | |
|---|---|---|
| 酒店（名） | jiǔdiàn | hotel |
| 预订（动） | yùdìng | book; reserve |
| 单人间（名） | dānrén jiān | single room |
| 入住（动） | rùzhù | check in |
| 号（名） | hào | number of date |
| 退房（动） | tuìfáng | check out |
| 查（动） | chá | check |
| 间（量） | jiān | measure word for rooms |
| 房（名） | fáng | room |
| 含（动） | hán | include |

| 早餐（名） | zǎocān | breakfast |
|---|---|---|
| 从……到…… | cóng......dào...... | from...to... |
| 确认（动） | quèrèn | confirm |

## 课文二

A：您好，上周我为两位外国客人预订了房间，麻烦您查一下。

B：您是东日公司的李先生吗？

A：对，我叫李文。

B：您预订的是今天的，一个标准间，一个套房。

A：是的。客人临时更改了行程，我需要取消预订。

B：取消预订需要提前一天，如果当天取消，我们要扣您百分之十的房费。

A：可以，你从押金里扣吧。

B：好的，剩下的钱会退回银行卡。您注意查收。

## kèwén èr

A：Nínhǎo, shàng zhōu wǒ wèi liǎng wèi wàiguó kèrén yùdìng le fángjiān, máfán nín chá yíxià.

B：Nín shì Dōngrì Gōngsī de Lǐ xiānshēng ma?

A：Duì, wǒ jiào Lǐ Wén.

B：Nín yùdìng de shì jīntiān de, yí gè biāozhǔn jiān, yí gè tàofáng.

A：Shì de. Kèrén línshí gēnggǎi le xíngchéng, wǒ xūyào qǔxiāo yùdìng.

B：Qǔxiāo yùdìng xūyào tíqián yì tiān, rúguǒ dāngtiān qǔxiāo, wǒmen yào kòu nín bǎi fēn zhī shí de fángfèi.

A：Kěyǐ, nǐ cóng yājīn lǐ kòu ba.

B：Hǎo de, shèngxià de qián huì tuìhuí yínháng kǎ. Nín zhùyì cháshōu.

商务汉语

## 课内练习 Exercises

一　**分角色朗读课文**。Role-play the conversation.

二　**根据课文内容，回答问题**。Answer the following questions according to the text.

1. 李文预订了什么房间？

2. 他为什么给酒店打电话？

3. 取消预订要扣钱吗？

4. 当天取消预订要扣多少钱？

三　**听一听，跟读句子**。Listen and read the sentences.

1. 上周我为两位外国客人预订了房间，麻烦您查一下。

2. 您预订的是今天的，一个标准间，一个套房。

3. 客人临时更改了行程，我需要取消预订。

## 生词学习 New words

| 为（介） | wèi | for; on behalf of |
|---|---|---|
| 客人（名） | kèrén | guest |
| 先生（名） | xiānsheng | Mr.; sir |
| 标准间（名） | biāozhǔn jiān | standard room |
| 套房（名） | tàofáng | suite |
| 临时（形） | línshí | temporary |
| 更改（动） | gēnggǎi | change; alter |
| 行程（名） | xíngchéng | journey |
| 取消（动） | qǔxiāo | cancel |
| 提前（副） | tíqián | ahead of schedule |
| 当天（副） | dàngtiān | the same day |
| 扣（动） | kòu | withhold |
| 费（名） | fèi | fee |
| 押金（名） | yājīn | deposit |
| 剩下（动） | shèngxià | rest |

| 钱（名） | qián | money |
|---|---|---|
| 退回（动） | tuìhuí | return |
| 卡（名） | kǎ | card |
| 注意（动） | zhùyì | attention; notice |
| 查收（动） | cháshōu | check |

## 语言点链接 Language points

**动词重叠的用法** Usage of the reduplication of verbs

在汉语中一些动词可以重叠，动词的重叠形式可以表示时间短、少量、轻微、尝试的意思，语气比较轻松随意，多用于口语。

In Chinese, some verbs can be reduplicated. The reduplicative form of a verb indicates a short time, a small quantity, a slight degree or an attempt, conveying a relaxed and casual mood. It is often used in spoken Chinese.

1.单音节动词的重叠形式为AA和A—A。

Reduplicative forms of monosyllabic verbs is AA and A—A.

| A | AA | A—A |
|---|---|---|
| 看 | 看看 | 看一看 |
| 查 | 查查 | 查一查 |
| 说 | 说说 | 说一说 |

（1）可以让我看看您的护照吗？

（2）麻烦帮我查查我的航班。

（3）小王，你说一说你的想法。

2.大部分双音节动词的重叠形式为ABAB。

Reduplicative forms of most disyllabic verbs is ABAB.

| AB | ABAB |
|---|---|
| 休息 | 休息休息 |
| 认识 | 认识认识 |

（1）太累了，我们先休息休息再继续吧。

（2）这位是谁？介绍我们认识认识吧。

3.离合词的重叠方式为AAB，离合词指的是词中间可以插入其他成分的词。

The reduplicative form of separable words is AAB. "Separable words" get their name from their ability to "separate" into two parts.

| AB | AAB |
|---|---|
| 见面 | 见见面 |
| 聊天 | 聊聊天 |
| 帮忙 | 帮帮忙 |

（1）周末我喜欢跟朋友见见面、聊聊天。

（2）他一个人忙不过来，你帮帮忙吧。

**二 "月" "日" 和 "星期" 的用法** Usage of "月" (yuè), "日" (rì) and "星期" (xīngqī)

汉语的日期表达方式遵循由大到小的原则，先说 "月"，然后说 "日/号"，最后说 "星期"。口语一般常用 "号"。

The way to say a date in Chinese observes the principle of "the bigger unit coming before the smaller one". "月" (yuè) is said first, then "日/号" (rì/hào) and finally "星期" (xīngqī). In spoken Chinese, "号" (hào) is often used instead of "日" (rì) to express the date.

（1）9月1号，星期三。

（2）9月2号，星期四。

（3）8月31号，星期二。

**三 介词 "从" 的用法** Usage of preposition "从" (cóng)

介词 "从" 引出一段时间、一段路程、一件事情的经过或者一个序列的起点，后面常跟 "到" 一起搭配使用。

The preposition "从" (cóng) introduces the starting point of a period of time, a distance, a process or a sequence, often used together with "到" (dào).

（1）从北京到上海要坐几个小时的飞机？

（2）他从下星期一开始上班。

（3）健身房开放时间从上午九点半到晚上十点。

**四 介词 "为" 的用法** Usage of preposition "为" (wèi)

介词 "为" 引进动作的受益对象，"为" 后面可以是名词，也可以是个小句。

The preposition "为" (wèi) introduces the beneficiary object of an action, and "为"

(wèi) can be followed by a noun or a clause.

（1）他是东方公司的员工，为这个公司工作了十多年。

（2）这次试验为新产品的开发找到了好的方法。

（3）我可以完成任务，不用为我担心。

## 课后练习 Exercises

**一** 看拼音写汉字。Look at the *pinyin* and write the words.

jiǔdiàn　　　　yùdìng　　　　rùzhù　　　　quèrèn

（　　　）　　（　　　）　　（　　　）　　（　　　）

kèrén　　　　gōngsī　　　　tíqián　　　　yājīn

（　　　）　　（　　　）　　（　　　）　　（　　　）

**二** 选词填空。Choose the right words to fill in the blanks.

为　　　房间　　　入住　　　取消　　　查

1.请稍等，我帮您(　　　)一下。

2.(　　　)里的空调坏了，可以来修一下吗？

3.请你（　　　）我们换一些人民币。

4.我的行程有变，我需要（　　　）预订机票。

5.我打算 3 号（　　　），7 号退房。

**三** 替换练习。Substitution drill.

1.我想预订一个单人间。

标准间

套房

大床房

2.含早餐吗？

晚餐

停车费

客房服务

3.我为两位外国客人预订了房间。

准备了接风宴

准备了纪念品

提供了接机服务

四 填空组词。Fill in the blanks.

（1）＿＿＿费 ＿＿＿费 ＿＿＿费 （2）＿＿＿卡 ＿＿＿卡 ＿＿＿卡

（3）＿＿＿间 ＿＿＿间 ＿＿＿间 （4）＿＿＿一下 ＿＿＿一下 ＿＿＿一下

五 把下面的词语整理成句子。Rearrange the following words and phrases to make
sentences.

| 1.想 | 一个 | 我 | 预订 | 房间 | |
|---|---|---|---|---|---|
| 2.帮 | 你 | 我 | 查查 | 吧 | |
| 3.什么 | 入住 | 时间 | 请问 | 您 | |
| 4.从 | 6点 | 8点半 | 时间 | 晚餐 | 到 |
| 5.要 | 护照 | 一下 | 看 | 我 | |

六 听录音，判断对错。Listen to the recording and judge whether the statements are
true or false.

1.他想退房。

2.他预订的是单人间。

3.他觉得楼层太高了。

4.他的房间在十楼。

5.他可以随时联系前台。

## 拓展活动 Extension activities

你的公司派你接待总部来的客人，需要你提前为客人安排住宿。你需要打电话
或发邮件与对方接洽，确认出行日期和人员基本信息，确认后预订酒店，注意酒店
类型、选址，并预约接机服务。

Your company sends you to receive guests from the headquarters, and you need to
arrange accommodation for the guests in advance. You need to call or send an email to
contact the other party, confirm the travel date and basic information of the personnel,
make a reservation for the hotel after confirmation, pay attention to the hotel type and
location, and make an appointment for the airport pick-up service.

# 第六课
## Lesson 6　谈谈日程安排
### Talk About the Schedule

 前热身 Warm-up

1. 你出过差吗？去过哪些地方？
2. 你是如何制定日程安排的呢？

**课**文 Texts

**课文一**

A：我们一起来谈谈日程安排，怎么样？

B：这次去中国要办的事情很多，得好好儿计划一下。

A：我们打算在中国待一周，您看时间够吗？

B：如果活动安排紧一点儿，应该没问题。

A：我们要去上海看展会，还要去宁波参观工厂。

B：听说宁波小吃很不错，如果有时间，我请你去吃夜宵。

A：您太客气了！

**kèwén yī**

A：Wǒmen yìqǐ lái tántan rìchéng ānpái, zěnmeyàng?

B：Zhè cì qù Zhōngguó yào bàn de shìqing hěnduō, děi hǎohāor jìhuà yíxià.

A：Wǒmen dǎsuàn zài Zhōngguó dāi yìzhōu, nín kàn shíjiān gòu ma?

B：Rúguǒ huódòng ānpái jǐn yìdiǎnr, yīnggāi méi wèntí.

A：Wǒmen yào qù Shànghǎi kàn zhǎnhuì, hái yào qù Níngbō cānguān gōngchǎng.

B：Tīngshuō Níngbō xiǎochī hěn búcuò, rúguǒ yǒu shíjiān, wǒ qǐng nǐ qù chī yèxiāo.

A：Nín tài kèqi le!

## 课内练习 Exercises

一 **分角色朗读课文**。Role-play the conversation.

二 **根据课文内容，回答问题**。Answer the following questions according to the text.

　　1. 他们要去哪儿出差？

　　2. 他们打算在那儿待多久？

　　3. 他们在那儿有什么安排？

三 **听一听，跟读句子**。Listen and read the sentences.

　　1. 我们一起来谈谈日程安排，怎么样？

　　2. 这次去中国要办的事情很多，得好好儿计划一下。

　　3. 如果活动安排紧一点儿，应该没问题。

## 生词学习 New words

| | | |
|---|---|---|
| 谈（动） | tán | talk |
| 日程（名） | rìchéng | schedule |
| 办（动） | bàn | handle; manage |
| 得（动） | děi | need |
| 计划（动） | jìhuà | plan |
| 打算（动） | dǎsuàn | plan |
| 待（动） | dāi | stay |
| 够（形） | gòu | enough |
| 如果（连） | rúguǒ | if |
| 活动（名） | huódòng | activity |
| 紧（形） | jǐn | tight |
| 应该（助） | yīnggāi | should; ought to |
| 没问题 | méi wèntí | no problem |
| 展会（名） | zhǎnhuì | exhibition |
| 参观（动） | cānguān | visit |

| 工厂（名） | gōngchǎng | factory |
| --- | --- | --- |
| 听说（动） | tīngshuō | hear of |
| 小吃（名） | xiǎochī | snack |
| 不错 | búcuò | not bad |
| 夜宵（名） | yèxiāo | midnight snack |
| 客气（动） | kèqi | be polite |

## 课文二

A：经理，这次的日程，我想这样安排：前面五天
在上海，后面两天在宁波。

B：在宁波只待两天，时间是不是太短了？听
说宁波的几家公司产品很不错，我希望有
机会去参观参观。

A：如果这样的话，我们可以改成上海四天，
宁波三天。行吗？

B：我觉得这样比较合适。在宁波的活动是怎么
安排的呢？

A：在宁波，我们不仅要洽谈业务，还要参观几家工厂。

B：这样安排很好，你费心了。

## kèwén èr

A：Jīnglǐ, zhè cì de rìchéng, wǒ xiǎng zhèyàng ānpái: Qiánmiàn wǔ tiān zài
Shànghǎi, hòumiàn liǎng tiān zài Níngbō.

B：Zài Níngbō zhǐ dāi liǎng tiān, shíjiān shì bu shì tài duǎn le? Tīngshuō
Níngbō de jǐ jiā gōngsī chǎnpǐn hěn búcuò, wǒ xīwàng yǒu jīhuì qù
cānguān cānguān.

A：Rúguǒ zhèyàng de huà, wǒmen kěyǐ gǎi chéng Shànghǎi sì tiān, Níngbō
sān tiān. Xíng ma?

B：Wǒ juédé zhèyàng bǐjiào héshì. Zài Níngbō de huódòng shì zěnme ānpái
de ne?

A：Zài Níngbō, wǒmen bùjǐn yào qiàtán yèwù, háiyào cānguān jǐ jiā gōngchǎng.

B：Zhèyàng ānpái hěn hǎo, nǐ fèixīn le.

## 课内练习 Exercises

一 分角色朗读课文。Role-play the conversation.

二 根据课文内容，回答问题。Answer the following questions according to the text.

1. 他们的行程有哪些地方？

2. 他们最后安排在宁波待多久？

3. 他们在宁波有什么活动？

三 听一听，跟读句子。Listen and read the sentences.

1. 这次的日程，我想这样安排。

2. 在宁波只待两天，时间是不是太短了？

3. 在宁波，我们不仅要洽谈业务，还要参观几家工厂。

## 生词学习 New words

| 这样（代） | zhèyàng | this way; like this |
|---|---|---|
| 前面（介） | qiánmiàn | front; preceding |
| 后面（介） | hòumiàn | behind; following |
| 只（副） | zhǐ | only |
| 太（副） | tài | too; a high degree |
| 短（形） | duǎn | short |
| 几（代） | jǐ | several |
| 家（量） | jiā | measure word for companies, factories, shops and etc. |
| 产品（名） | chǎnpǐn | product |
| 机会（名） | jīhuì | chance |
| 可以（助） | kěyǐ | can |

| 改（动） | gǎi | change |
|---|---|---|
| 行（动） | xíng | be all right |
| 比较（副） | bǐjiào | relatively |
| 合适（形） | héshì | suitable; appropriate |
| 怎么（代） | zěnme | how |
| 不仅（连） | bùjǐn | not only; not merely |
| 洽谈（动） | qiàtán | talk over with |
| 业务（名） | yèwù | business |
| 费心（动） | fèixīn | take a lot of trouble |

# 语言点链接 Language points

**一 "怎么样" 的用法** Usage of "怎么样"（zěnmeyàng）

疑问代词 "怎么样" 一般用来询问状况，希望得到对话者的评论和意见。

The interrogative pronoun "怎么样"（zěnmeyàng）is used to ask about the condition of something or someone and inquire the comment or advice from the interlocutor.

（1）你们上个月的旅行怎么样？

（2）这家公司的产品怎么样？

（3）晚上吃火锅怎么样？

**二 "如果……，就……" 的用法** Usage of "如果……，就……"（rúguǒ……, jiù……）

"如果" 后边的分句是一个假设，"就" 后边的分句是在这种假设情况下产生的结果。注意，如果主句和分句的主语是同一个，可以省略其中一个主语；如果主句和分句的主语不同，两个主语都不能省略，且第二个分句的主语要放在 "就" 的前边。

The clause following "如果"（rúguǒ）is a hypothesis, and the clause after "就"（jiù）is the result based on the hypothesis. Note that if the subjects of the main clause and the subordinate clause are the same, one of the subjects can be omitted. If the subjects of the main clause and the subordinate clause are different, neither of the two subjects can be omitted, and the subject of the second subordinate clause should be placed before "就"（jiù）.

（1）如果你太累了，就休息一会儿。

（2）如果对方公司同意签约，我们就可以开始制作产品了。

（3）如果下周不上班，我就去旅游。

**三** "是不是" 的用法 Usage of "是不是" (shì bu shì)

如果提问的人对某个事实或者情况有比较肯定的估计，为了进一步得到证实，就可以用这种疑问句提问。"是不是" 一般用在谓语前面，也可以用在句首或者句尾。

If one raises a question and is somehow certain about a fact or situation, they can use this kind of question to confirm their guess. "是不是" (shì bu shì, literally "yes or no") is usually used before the predicate or at the beginning or end of a sentence.

（1）你很少生病，是不是经常运动？

（2）是不是明天公司放假？

（3）我们星期一去北京，是不是？

**四** "不仅……也/还/而且……" 的用法 Usage of "不仅……也/还/而且……" (bùjǐn……yě/hái/érqiě……)

"不仅"，连词，用在第一个分句里，第二个分句里常用 "也/还/而且" 相呼应，表示除第一个分句所说的意思之外，还有更进一层的意思。当两个分句的主语相同时，"不仅" 在主语后；当主语不同时，"不仅" 在主语前。

The conjunction "不仅" (bùjǐn) is used in the first clause, often followed by "也/还/而且" (yě/hái/érqiě) in the second clause, indicating a further meaning in addition to what has been said in the first clause. "不仅" (bùjǐn) is used after the subject when the two clauses share one subject, and it is used before the first subject when the two clauses have different subjects.

（1）我们不仅要参观工厂，还要洽谈业务。

（2）他不仅吃得健康，还经常锻炼身体。

（3）在中国，不仅老人爱打太极拳，而且小孩子也喜欢这项运动。

## 课后练习 Exercises

**一** 看拼音写汉字。Look at the *pinyin* and write the words.

| rìchéng | ānpái | jìhuà | rúguǒ |
|---|---|---|---|
| （　　） | （　　） | （　　） | （　　） |

|  |  |  |  |
|---|---|---|---|
| cānguān | tīngshuō | gōngchǎng | xiǎochī |
| （　　） | （　　） | （　　） | （　　） |

二 **选词填空**。Choose the right words to fill in the blanks.

| 日程 | 公司 | 改 | 参观 | 小吃 |

1.我的飞机延误了，请帮我把会议（　　　　）到下午。

2.这家（　　　　）总部在北京。

3.下个月去广州分公司考察的（　　　　）定了吗?

4.你负责带他们去咱们的产品中心（　　　　）一下。

5.汤圆是宁波的特色（　　　　）。

三 **替换练习**。Substitution drill.

1.我们一起来谈谈日程安排，怎么样?

　　　　　　会议

　　　　　　产品推介会

　　　　　　展会

2.我们要去上海看展会。

　　　　宁波参观工厂

　　　　酒店参加接风宴

　　　　公司洽谈订单

3.听说宁波的几家公司产品很不错，我希望有机会去参观参观。

　　北京烤鸭　　　　　　　　　　　　品尝品尝

　　中国的高铁　　　　　　　　　　　坐坐

　　宁波的小吃　　　　　　　　　　　请你吃一顿

四 **把下面的词语整理成句子**。Rearrange the following words and phrases to make sentences.

| | | | | | |
|---|---|---|---|---|---|
| 1.打算 | 老板 | 去 | 出差 | 北京 | |
| 2.是 | 明天 | 不是 | 你 | 休息 | |
| 3.这是 | 家 | 新 | 一 | 公司 | |
| 4.后面 | 安排 | 几天 | 你 | 怎么 | |
| 5.机会 | 有 | 去 | 以后 | 中国 | 旅游 |

**五** 听录音，判断对错。Listen to the recording and judge whether the statements are true or false.

1.外国人在中国旅行，不会有任何问题。

2.计划去中国要安排好行程。

3.游览和赴宴是中国人日程安排中少不了的内容。

4.中国人喜欢请客吃饭。

5.请客吃饭有助于建立关系、发展友谊。

## 拓展活动 Extension activities

你正在计划下周去中国的商务旅行，打算把你的计划用邮件发给你在中国的接待单位。请用中文写出你在中国的日程安排，例如，到达中国的时间、同行人员、逗留时间、打算参观的公司或工厂、计划跟哪些人见面、洽谈什么业务，等等。

You are planning a business trip to China next week and intend to send your schedule to your host unit in China via email. Please write out your itinerary in China in Chinese, including details such as your arrival time in China, accompanying personnel, length of stay, company or factory you plan to visit, people you plan to meet, and the business matters you plan to discuss.

## 商务小贴士 Business tips

### 中国人的时间观念 [1]

不同的文化孕育了不同的时间观念；反过来，不同的时间观念又反映了不同的文化内涵，影响着人们的行动和思维，并塑造了与其相适应的生活方式、思维方式和交际行为。

中国传统文化缺乏精确的时间观念与计时方式。虽然也有日晷、沙漏、水漏等计时仪器及历书等时间指南，但在民众的日常生活中却很少被应用，主要还是依靠天体运行、物候现象或特定社会实践作为时间标准，如"日上三竿""山丹丹花开的时候""一袋烟的功夫"等等。有些人使用时间比较随意、

---

1　参见：江静．时间观视角下的中西文化比较．文化产业，2023（32）：127–129；苏艳飞．浅析中西文化差异之时间观．文学教育（中），2012（10）：48.

不够准确。约好的赴宴时间往往不能够按时到达；还经常会使用一些诸如"一会儿""不久""马上""半天"之类模糊的时间概念，让人捉摸不透。

中国传统时间观形成的文化原因是多元的，有传统儒家文化影响，有宗教思想影响，也有生活环境影响。归纳而言中国时间观是中国几千年的耕读文化的综合反映。例如中国人受儒家文化影响，比较倾向于性本善之说，并且重视传统。因此，中国人在时间取向上倾向于过去。人们在行事时喜欢引经据典，追本溯源，以史为鉴。相对而言，人们对未来则不太感兴趣，因为未来是难以预测和把握的。受到这种时间取向的影响，人们崇拜祖先、尊敬老人、重视经验、墨守成规。可以说，中国文化的思维历来重视历史，主张以史为鉴，借研究过去指导现在和将来。因此，中国拥有记录精详的完整编年史。

在西方人的印象中，中华民族的自我意识一直为对历史的深切关怀所增强。崇古薄今的思想对传统文化产生的影响是显而易见的。人们在制定决策或进行制度改革时倾向以过去的经验作为今天事情成功的重要参考，过去所作所为成为衡量今天所作所为的标准，循规蹈矩已成为一种集体无意识。

## Chinese People's Sense of Time

Different cultures give rise to different perceptions of time; conversely, different perceptions of time reflect different cultural connotations, influencing people's actions and thoughts, and shaping corresponding lifestyles, ways of thinking, and social behaviors.

Traditional Chinese culture lacks precise time concepts and timing methods. Although there are timekeeping instruments such as sundials, hourglasses, water clocks, as well as almanacs and other time guides, these were rarely used in people's daily life. Instead, people primarily relied on the movement of celestial bodies, phenological phenomena or specific social practices as time standards, such as "When the Sun is three poles' high" "When Shandandan flowers bloom" "The time it takes to smoke a pipe" and so on. Some Chinese people use time in a more casual and inaccurate way. Scheculed banquet times are often not strictly adhered to; some vague time concepts such as "for a while" "soon" "immediately" and "half a day" are frequently used, which makes people difficult to pinpoint exact timings.

The cultural reasons behind the formation of the traditional Chinese view of time are diverse, influenced by traditional Confucian culture, religious thought, and the living environment. To sum up, the Chinese view of time is a comprehensive reflection of China's thousands of years of farming and study culture. For example, under the influence of Confucian culture, Chinese people are inclined towards the belief in the inherent goodness of human nature and attach great importance to tradition. Therefore, the Chinese tend to orient towards the past in terms of time percention. When acting, they like to cite the classics, trace origins, and take history as a mirror. Relatively speaking, people are less interested in the future, because the future is difficult to predict and grasp. Affected by this time orientation, people worship ancestors, respect the elderly, value experience, and adhere to established norms. It can be said that the thinking of Chinese culture has always attached importance to history, advocates taking history as a mirror, and using the past to guide the present and the future. As a result, China has a complete chronicle that is meticulously recorded.

In the impression of Westerners, the self-awareness of the Chinese nation has always been enhanced by its deep concern for history. The influence of the thought of honoring the ancient over the present on traditional culture is obvious. When people make decisions or carry out institutional reforms, they tend to use past experience as an important reference for the success of today's endeavors. What was done in the past has become the standard for measuring what is done today, and adhering to established practices has become a collective unconsciousness.

# Unit 3
# Business
# Reception

职场人士，免不了商务接待。在本单元，你将学习到在机场、酒店和餐厅中的相关对话，包括机场接人、入住酒店、预订餐厅等主题，能够更好地帮助你做好接待工作。

For working professionals, business receptions are inevitable. In this unit, you will learn relevant dialogues in airports, hotels and restaurants, including topics such as airport pickup, hotel check-in, restaurant reservations, etc. This can better help you do a good job in reception work.

# 第七课

## Lesson 7 谢谢你来接我

### Thanks for Picking Me Up

## 课前热身 Warm-up

1. 去机场或车站接人，你会说些什么话呢？
2. 与他人告别的时候，你会说什么？

## 课文 Texts

**课文一**

A：您好，大卫先生，很高兴见到您。

B：你好！谢谢你来接我！

A：不客气，您路上辛苦了。我们的车就在地下车库。

B：好的。从这里到公司大概多久？

A：现在是下班高峰期，预计一个多小时。

B：好的，咱们慢慢来吧，安全第一。

**kèwén yī**

A：Nínhǎo, Dàwèi xiānsheng. Hěn gāoxìng jiàndào nín.

B：Nǐhǎo！ Xièxie nǐ lái jiē wǒ!

A：Bú kèqi, nín lùshàng xīnkǔ le. Wǒmen de chē jiù zài dìxià chēkù.

B：Hǎo de. Cóng zhèlǐ dào gōngsī dàgài duō jiǔ?

A：Xiànzài shì xiàbān gāofēng qī, yùjì yí gè duō xiǎoshí.

B：Hǎo de, zánmen mànman lái ba, ānquán dìyī.

## 课内练习 Exercises

一　分角色朗读课文。Role-play the conversation.

二　根据课文内容，回答问题。Answer the following questions according to the text.

1. 他们很可能在什么地方？

2. 他们是什么关系？

3. 现在大概几点？

4. 从这儿到公司要多久？

三　听一听，跟读句子。Listen and read the sentences.

1. 很高兴见到您。

2. 谢谢你来接我！

3. 您路上辛苦了。

4. 咱们慢慢来吧，安全第一。

## 生词学习 New words

| 接（动） | jiē | pick up; catch |
|---|---|---|
| 辛苦（形） | xīnkǔ | toilsome |
| 地下（名） | dìxià | underground |
| 车库（名） | chēkù | garage |
| 高峰期（名） | gāofēng qī | peak period |
| 预计（动） | yùjì | expect |
| 安全（名） | ānquán | safety |

### 课文二

A：时间过得真快。

B：是啊，我也有同感。

A：真的很高兴能和您这样面对面交流。

B：没错，希望下次我能有机会去您所在的城市拜访您！

A：非常欢迎，老朋友。

B：一路平安。保持联系！

## kèwén èr

A：Shíjiān guò de zhēn kuài.

B：Shì a, wǒ yě yǒu tónggǎn.

A：Zhēnde hěn gāoxìng néng hé nín zhèyàng miànduìmiàn jiāoliú.

B：Méicuò, xīwàng xià cì wǒ néng yǒu jīhuì qù nín suǒ zài de chéngshì bàifǎng nín!

A：Fēicháng huānyíng, lǎo péngyou.

B：Yílù píng'ān. Bǎochí liánxì!

## 课内练习 Exercises

一 分角色朗读课文。Role-play the conversation.

二 根据课文内容，回答问题。Answer the following questions according to the text.

1.他们现在可能在什么地方？

2.他们可能是什么关系？

3.他们住在同一个城市吗？

4.他们之后会见面吗？

三 听一听，跟读句子。Listen and read the sentences.

1.时间过得真快。

2.我也有同感。

3.真的很高兴能和您这样面对面交流。

4.一路平安。

## 生词学习 New words

| 时间（名） | shíjiān | time |
|---|---|---|
| 快（形） | kuài | quick |
| 同感（名） | tónggǎn | empathy |
| 面对面 | miànduìmiàn | face to face |
| 城市（名） | chéngshì | city |

| 拜访（动） | bàifǎng | visit |
|---|---|---|
| 保持（动） | bǎochí | keep |
| 联系（动） | liánxì | connect |

# 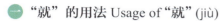言点链接 Language points

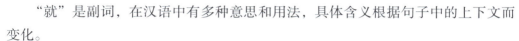

**一 "就" 的用法 Usage of "就"（jiù）**

"就" 是副词，在汉语中有多种意思和用法，具体含义根据句子中的上下文而变化。

"就"（jiù）is an adverb, which has multiple meanings and usages in Chinese, and its specific meaning varies according to the context in a sentence.

1.表示肯定或强调To express affirmation or emphasis

（1）这个问题我就不回答了。

（2）我们就在这儿告别吧，别送了。

2.表示某个条件下的结果或转折To indicate a result or contrast under a certain condition

（1）你要是来得早，就可以参加会议。

（2）他今天生病了，我就不去找他了。

3.表示时间上的迅速或立即发生To indicate something happening quickly or immediately in terms of time

（1）听到这个消息，他就出去了。

（2）我们一走进办公室，就看到他坐在那里。

**二 "吧" 的用法 Usage of "吧"（ba）**

"吧" 是助词，可以表示多种语气。

"吧"（ba）is an auxiliary word to express various tones.

1.请求的语气 The tone of request

（1）我们一起去财务吧。

（2）快点儿吧，上班要迟到了。

2.同意的语气 The tone of agreement

（1）大家都没意见，就这么决定吧。

（2）好吧，那按照大家的意思做吧。

3. 疑问的语气 The tone of question

（1）总部那边没问题吧？

（2）应该不是她吧？

三 "得" 的用法 Usage of "得" (de)

"得" 是结构助词，用来连接动词和形容词，表示程度或状态。

"得" (de) is a structural particle, which is used to connect verbs and adjectives to indicate degree or state.

（1）她做得非常好，领导很满意。

（2）这次活动价格定得太高了，成交量不足。

## 课后练习 Exercises

一 看拼音写汉字。Look at the *pinyin* and write the words.

| shíjiān | bùmén | jīnglǐ | jiāoliú | xīnkǔ |
|---|---|---|---|---|
| （　　　） | （　　　） | （　　　） | （　　　） | （　　　） |

| xīwàng | chéngshì | bàifǎng | ānquán | liánxì |
|---|---|---|---|---|
| （　　　） | （　　　） | （　　　） | （　　　） | （　　　） |

二 选词填空。Choose the right words to fill in the blanks.

| 就 | 多 | 吧 | 得 | 啊 |
|---|---|---|---|---|

1. 老人常说，吃（　　　）好，长（　　　）高。

2. 没错，他（　　　）是我的中国老朋友。

3. 我们已经五个（　　　）月没见了。

4. 从这里到公司有多远（　　　）？

5. 咱们一块儿走（　　　）。

三 词语配对。Match the words.

1. 一路　　　　　　　　　　A. 联系
2. 保持　　　　　　　　　　B. 辛苦
3. 安全　　　　　　　　　　C. 交流
4. 面对面　　　　　　　　　D. 平安
5. 路上　　　　　　　　　　E. 第一

**四** 把下面的词语整理成句子。Rearrange the following words and phrases to make sentences.

| 1.到 | 多久 | 您的城市 | 这里 | 从 | 要 |
| --- | --- | --- | --- | --- | --- |
| 2.去 | 下次 | 我们 | 一起 | 旅游 | 吧 |
| 3.车 | 我们的 | 地下 | 在 | 车库 | 吗 |
| 4.您 | 真的 | 高兴 | 认识 | 很 | |

**五** 听录音，判断对错。Listen to the recording and judge whether the statements are true or false.

1.他们会在杭州举行一次商务会议。

2.他们现在要一起去北京开会。

3.他对即将举行的商务会议充满信心。

## 拓展活动 Extension activities

机场接送机不仅仅是接待人的礼节，更代表着公司的形象。如果没有做好一开始的接待工作，就可能会给客人留下糟糕的第一印象，甚至影响后续的合作和活动。机场接待体现在许多小细节，细节虽小，影响至大。假如你受公司委托要去机场接人，你会如何安排？比如：接送人员和车辆的选配、当天气候的变化、客人的航班信息等。

Airport pickup and drop off is not only the courtesy of the receptionist, but also represents the image of the company. If the reception work is not well done at the beginning, it may leave a bad first impression on the guests, and even affect the subsequent cooperation and activities. Airport reception is reflected in many small details, which, though small, have a great impact. If you were entrusted by the company to meet someone at the airport, what would you do? For example, selection of pick-up and drop off personnel and vehicles, climate change on the day, flight information of guests, etc.

前热身 Warm-up

1. 去酒店入住的时候，你会说哪些话呢？
2. 分享一下你的一次酒店入住情况吧。

课文 Texts

课文一

A：晚上好，先生。

B：你好，我有预订，名字是张森蒙。这是我的护照。

A：好的，请您稍等。找到了，您预订了一间大床房，是吗？

B：是的。

A：好的，721 房间。这是您的房卡，祝您入住愉快。

B：谢谢。

Kèwén yī

A：Wǎnshang hǎo, xiānsheng.

B：Nǐhǎo, wǒ yǒu yùdìng, míngzi shì Zhāng Sēnméng. Zhè shì wǒ de hùzhào.

A：Hǎo de, qǐng nín shāoděng. Zhǎo dào le, nín yùdìng le yì jiān dàchuáng fáng, shì ma?

B：Shì de.

A：Hǎo de, qī èr yāo fángjiān. Zhè shì nín de fángkǎ, zhù nín rùzhù yúkuài.

B：Xièxie.

## 课内练习 Exercises

一 分角色朗读课文。Role-play the conversation.

二 根据课文内容，回答问题。Answer the following questions according to the text.

1.他们很可能在什么地方？

2.他们是什么关系？

3.A可能是做什么工作的人？

4.B的房间号码是多少？

5.你知道B预订的房型吗？

三 听一听，跟读句子。Listen and read the sentences.

1.晚上好，先生。

2.请您稍等。

3.您预订了一间大床房，是吗？

4.祝您入住愉快。

## 生词学习 New words

| | | |
|---|---|---|
| 晚上（名） | wǎnshang | evening |
| 护照（名） | hùzhào | passport |
| 找到（动） | zhǎo dào | find |
| 大床房（名） | dàchuáng fáng | king room |
| 房卡（名） | fángkǎ | room card |

### 课文二

A：您好，我的钥匙落在房间了。现在进不了房间。

B：请稍等，您是几号房？

A：721。

B：好的，我们马上派人过去处理。

A：还有，房间的台灯坏了，也需要维修。

B：没问题，请问还有其他需要服务的吗？

A：没有了。谢谢！

**kèwén èr**

A：Nínhǎo, wǒ de yàoshi là zài fángjiān le. Xiànzài jìn bù liǎo fángjiān.

B：Qǐng shāoděng, nín shì jǐ hào fáng?

A：Qī èr yāo.

B：Hǎo de, wǒmen mǎshàng pài rén guòqù chǔlǐ.

A：Háiyǒu, fángjiān de táidēng huài le, yě xūyào wéixiū.

B：Méi wèntí, qǐngwèn háiyǒu qítā xūyào fúwù de ma?

A：Méiyǒu le. Xièxie!

## 课内练习 Exercises

一 **分角色朗读课文**。Role-play the conversation.

二 **根据课文内容，回答问题**。Answer the following questions according to the text.

1. A在哪里？

2. A住在几号房间？

3. A为什么进不了房间？

4. A的房间什么东西坏了？

5. B是维修工人吗？

三 **听一听，跟读句子**。Listen and read the sentences.

1. 我的钥匙落在房间了。

2. 我们马上派人过去处理。

3. 还有，房间的台灯坏了，也需要维修。

4. 请问还有其他需要服务的吗？

## 生词学习 New words

| 钥匙（名） | yàoshi | key |
|---|---|---|
| 落（动） | là | leave |
| 进不了（动） | jìn bù liǎo | can't get in |

| 马上（副） | mǎshàng | right away |
| 派（动） | pài | send |
| 过去（动） | guòqù | go over |
| 处理（动） | chǔlǐ | deal with |
| 还有（连） | háiyǒu | in addition |
| 台灯（名） | táidēng | table lamp |
| 坏（形） | huài | broken |
| 维修（动） | wéixiū | repair |
| 问题（名） | wèntí | problem |
| 其他（代） | qítā | other |
| 服务（名） | fúwù | service |

## 语言点链接 Language points

### 一 "动词＋不了"的用法 Usage of "verb ＋不了 (bùliǎo)"

"动词＋不了"，表示不可能完成这个动作，是可能补语的否定形式。

"verb ＋不了 (bùliǎo)" means it is impossible to complete an action, which is a negative form of possible complement.

（1）老板，我完成不了这个任务啊！

（2）我解释不了。

### 二 兼语句 Bi-constituent sentence

兼语句是汉语中常见的一种句式，所谓"兼语句"，简单来说，就是句子中至少有两个主谓短语。以课文中的句子"我们马上派人过去处理"为例。"我们马上派人"是第一个主谓结构，"人过去处理"是第二个主谓结构，其中"人"在第一个主谓结构中是作为宾语，但在第二个主谓结构中是作为主语。

Bi-constituent sentence is a common sentence structure in Chinese, which simply means that there are at least two subject verb phrases in the sentence. For example, in the sentence "我们马上派人过去处理" in the text, "我们马上派人" is the first subject verb structure, and "人过去处理" is the second subject verb structure, where "人" is the object in the first subject verb structure but the subject in the second one.

（1）经理叫我们去办公室开会。

（2）办公室禁止职员叫外卖。

三 "还有"的用法 Usage of "还有" (háiyǒu)

1. "还有"表示其他情况也存在。

The word "还有" (háiyǒu) here means that other situations also exist.

单独使用时，后面通常是一个句子。

If used alone, it is usually followed by a sentence.

（1）我有个问题，我们怎么去呢？还有，费用谁出？

（2）我们是一个团队，应该共同面对。还有，别忘了，我们还有朱总的支持。

2. "还有"后接名词时，表示除了已知信息外的其他内容。

"还有" (háiyǒu) is followed by nouns to indicate additional information beyond what is already known.

（1）明天和小李一起去的还有谁呢？

（2）这计划还有一些细节要考虑进去。

## 课后练习 Exercises

一 看拼音写汉字。Look at the *pinyin* and write the words.

| hùzhào | fángjiān | táidēng | fúwù | wéixiū |
|---|---|---|---|---|
| （　　） | （　　） | （　　） | （　　） | （　　） |

| chǔlǐ | mǎshàng | wèntí | yàoshi | qítā |
|---|---|---|---|---|
| （　　） | （　　） | （　　） | （　　） | （　　） |

二 选词填空。Choose the right words to fill in the blanks.

| 还有 | 马上 | 派 | 了 | 不了 |
|---|---|---|---|---|

1. 天气这么冷（　　），你不多穿点儿啊？

2. 这个电影感动（　　）我。

3. （　　）一个月，我们即将推出新产品。

4. 公司（　　）我到宁波出差。

5. 等我们一下啊，我们（　　）下楼。

三　**词语配对**。Match the words.

| | |
|---|---|
| 1.看 | A.明白 |
| 2.写 | B.见 |
| 3.维修 | C.清楚 |
| 4.考虑 | D.饱 |
| 5.吃 | E.好 |

四　**把下面的词语整理成句子**。Rearrange the following words and phrases to make sentences.

1.护照　　落　　　我　　　了　　　在　　　的房间

2.什么　　入住　　准备　　你　　　时候

3.的　　　了　　　房卡　　他们　　坏

4.我们　　去　　　维修　　人　　　派

五　**听录音，判断对错**。Listen to the recording and judge whether the statements are true or false.

1.客人预订的是酒店的标准间。

2.客人的入住日期是下周五，离店日期是周日，共预订两晚。

3.房间的价格总体上不超过一千元。

## 拓展活动 Extension activities

酒店礼仪是展现酒店文化的重要部分。中国人常说"宾至如归"，酒店的至高服务理念就是让顾客放心、舒心。如果你是酒店工作人员，你会在哪些方面（如称呼礼仪、礼貌用语等）下功夫呢？如果你是顾客，你对酒店的哪些服务（如卫生情况、处理态度等）更看重呢？

Hotel etiquette is an important part of showcasing hotel culture. Chinese people often say that "guests feel at home". The supreme service concept of a hotel is to make customers feel secure and at ease. If you were a hotel staff member, in what aspects (such as addressing etiquette and polite language) would you focus on? If you are a customer, which aspects of the hotel's service (such as hygiene conditions and handling attitudes) would you value more?

# 我要预订餐位

## I Want to Make a Reservation for a Table

 前热身 Warm-up

1.在点餐的时候，你会说些什么话呢？

2.去餐厅用餐，你关心哪些服务呢？

### 课文 Texts

**课文一**

A：您好，这里是宁波饭店，请问有什么可以帮您？

B：你好，我想预订餐位。

A：您好，先生，请问贵姓？

B：免贵姓李。

A：李先生，您想预订什么时候的餐位？

B：本周五晚上六点，10个人，最好是包厢。

A：好的，李先生，请问还有别的要求吗？

B：没有了，谢谢。

**Kèwén yī**

A：Nínhǎo, zhèlǐ shì Níngbō Fàndiàn, qǐngwèn yǒu shénme kěyǐ bāng nín？

B：Nǐhǎo, wǒ xiǎng yùdìng cānwèi。

A：Nínhǎo, xiānsheng, qǐngwèn guìxìng？

B：Miǎn guì xìng Lǐ。

A：Lǐ xiānsheng, nín xiǎng yùdìng shénme shíhou de cānwèi？

B：Běn zhōu wǔ wǎnshang liù diǎn, shí ge rén, zuìhǎo shì bāoxiāng。

A：Hǎo de, Lǐ xiānsheng, qǐngwèn háiyǒu bié de yāoqiú ma？

B：Méiyǒu le, xièxie。

## 课内练习 Exercises

一　**分角色朗读课文**。Role-play the conversation.

二　**根据课文内容，回答问题**。Answer the following questions according to the text.

　　1.李先生想去哪里吃饭？

　　2.李先生为什么打电话给饭店？

　　3.李先生的聚餐在什么时候？

　　4.李先生一行一共有多少人？

　　5.李先生对餐位有什么要求？

三　**听一听，跟读句子**。Listen and read the sentences.

　　1.请问有什么可以帮您？

　　2.我想预订餐位。

　　3.请问贵姓？

　　4.请问还有别的要求吗？

## 生词学习 New words

| 餐位（名） | cānwèi | seat or table in a restaurant |
|---|---|---|
| 贵（形） | guì | your honourable |
| 免（动） | miǎn | free something from |
| 本（代） | běn | this |
| 包厢（名） | bāoxiāng | private room in a restaurant |
| 别的（形） | bié de | other |
| 要求（名） | yāoqiú | requirement |

### 课文二

　　A：我代表公司感谢大卫先生的大驾光临。

　　B：您太客气了，李经理！

　　A：今天的饭菜是我们这儿的特色菜，希望您喜欢。

　　B：谢谢李经理，您真是有心了！这看起来就很好吃啊！

A：希望我们合作愉快，大卫先生。

B：当然当然，合作愉快，友谊常在啊！

**kèwén èr**

A：Wǒ dàibiǎo gōngsī gǎnxiè Dàwèi xiānsheng
　　de dàjiàguānglín.

B：Nín tài kèqi le，Lǐ jīnglǐ！

A：Jīntiān de fàncài shì wǒmen zhèr de tèsè cài，
　　xīwàng nín xǐhuān.

B：Xièxie Lǐ jīnglǐ，nín zhēnshi yǒuxīn le！Zhè kàn qǐlai jiù hěn hǎochī a！

A：Xīwàng wǒmen hézuò yúkuài，Dàwèi xiānsheng.

B：Dāngrán dāngrán，hézuò yúkuài，yǒuyì cháng zài a！

## 课内练习 Exercises

一 **分角色朗读课文**。Role-play the conversation.

二 **根据课文内容，回答问题**。Answer the following questions according to the text.

　1.他们现在可能在什么地方？

　2.他们可能是什么关系？

　3.谁是请客的主人？

　4.今天的饭菜怎么样？

　5.对话中哪个词语是强烈表达同意的意思？

三 **听一听，跟读句子**。Listen and read the sentences.

　1.我代表公司感谢大卫先生的大驾光临。

　2.您太客气了！

　3.您真是有心了！

　4.希望我们合作愉快。

## 生词学习 New words

| | | |
|---|---|---|
| 代表（动） | dàibiǎo | on behalf of |
| 大驾光临（名） | dàjiàguānglín | gracious presence |
| 特色（形） | tèsè | characteristic |
| 有心（形） | yǒuxīn | considerate |
| 看起来 | kàn qǐlai | look like |
| 当然（副） | dāngrán | of course |
| 友谊（名） | yǒuyì | friendship |
| 常（副） | cháng | often |

## 语言点链接 Language points

一 "贵"的用法 Usage of "贵" (guì)

"贵"是形容词，用在名词前面，是一种敬辞，称与对方有关的事物，表示"您的"意思。

"贵" (guì) is an adjective, which is used in front of a noun. It is a kind of honourific expression. It refers to something related to the other party and means "yours".

（1）这是我第一次来贵国出差。

（2）希望和贵校有进一步合作！

二 "免"的用法 Usage of 免 (miǎn)

"免"是动词，表示"去掉"的意思，多数和名词连用。

"免" (miǎn) is a verb, which means "remove". Most of them are used with nouns.

（1）我不是免费的劳动力！

（2）在下载之前，请先阅读免责声明。

三 "最好"的用法 Usage of "最好" (zuìhǎo)

"最好"是副词，意思是表示最理想的情况，常常用于谓语动词、形容词或主语之前，表示其后的说话内容是说话者的主观希望或意见等。

"最好" (zuìhǎo) is an adverb, which means the most ideal situation. It is often used before the predicate verb, adjective or subject to indicate that the content of the subsequent speech is the subjective hope or opinion of the speaker.

（1）我们最好早点儿出发。

（2）最好你们都能来参加这次大会。

**四 "真是"的用法 Usage of "真是"** (zhēnshì / zhēnshi)

"真是"有两种读音，一种为"zhēnshì"，另一种为"zhēnshi"。

There are two pronunciations of "真是" here, one is "zhēnshì", and the other is "zhēnshi".

1. 读"zhēnshì"时，作副词，表示确实的意思。

When pronounced "zhēnshì", "真是" is an adverb, meaning "truly".

（1）这次我们真是幸运啊！

（2）这个问题真是让我们头疼啊！

2. 读"zhēnshi"时，作动词，表示埋怨、不满意的语气，有时候也会说"真是的"，意思是一样的。

When pronounced "zhēnshi", "真是" is a verb and used to express complaints and dissatisfaction. Sometimes we say "真是的" (zhēnshi de), which means the same with "真是" (zhēnshi).

（1）真是，你怎么会忘记开会的时间啊？

（2）别人放假，我们加班，真是的！

**五 "动词+起来"的用法 Usage of "verb+起来 (qǐlai)"**

"动词+起来"是趋向补语。趋向补语是现代汉语中重要的语法项目，由趋向动词充当，表示动作的趋向。这里的"起来"有四种具体意思。

"verb+起来 (qǐlai)" is a tendency complement. Tendency complement is an important grammatical item in modern Chinese. It is served by tendency verbs to show the tendency of an action. Here, "起来" (qǐlai) has four specific meanings.

1. 它可以表示动作的开始和持续。

It can indicate the beginning and continuation of an action.

（1）大家高兴地唱起来。

（2）两只野狗因为一根骨头打起来了。

2. 它可以表示由分散到集中。

It can represent the transition from dispersion to concentration.

（1）老板马上就到了，快把东西收起来。

（2）您这礼物太贵重了，我得好好放起来。

3.它可以表示从某方面进行估计或评价。

It can mean to estimate or evaluate in some way.

（1）你今天看起来不太舒服啊。

（2）听起来，你比他更有道理。

4.它可以表示动作有了结果并达到了目的。

It can mean that the action has its result and has achieved its goal.

（1）我想起来了，你是昨天那位客人啊。

（2）这个关系串起来我们还是亲戚呢。

# 课后练习 Exercises

一　看拼音写汉字。Look at the *pinyin* and write the words.

xiānsheng　　dàibiǎo　　dàjiàguānglín　　bāoxiāng　　zuìhǎo

（　　　）　（　　　）　（　　　）　（　　　）　（　　　）

cānwèi　　yǒuxīn　　cháng　　hézuò　　tèsè

（　　　）　（　　　）　（　　　）　（　　　）　（　　　）

二　词语配对。Match the words.

1.代表　　　　　A.常在
2.大驾　　　　　B.愉快
3.合作　　　　　C.姓李
4.友谊　　　　　D.公司
5.免贵　　　　　E.光临

三　改正以下句子。Correct the following sentences.

1.请问贵姓吗？

_____

2.本次周五晚上，10个人，最好是包厢。

_____

3.真，你开会怎么老迟到啊？

_____

4.这看来很好吃。

_____

四 把下面的词语整理成句子。Rearrange the following words and phrases to make sentences.

| | | | | | |
|---|---|---|---|---|---|
| 1.预订 | 的 | 想 | 餐位 | 我 | 今天晚上 |
| 2.喜欢 | 饭菜 | 的 | 您 | 今天 | 吗 |
| 3.起来 | 这个 | 看 | 很好吃 | 菜 | |
| 4.吗 | 帮助 | 您 | 请问 | 别的 | 需要 |

五 听录音，判断对错。Listen to the recording and judge whether the statements are true or false.

1.顾客的牛排选择了五分熟。
2.餐厅的招牌菜有香煎牛排和麻辣小龙虾。
3.他预订了餐厅并点了红酒。

## 拓展活动 Extension activities

餐厅宴请客人是商务活动中一项重要的活动。举行宴会可以营造融洽轻松的谈话氛围，增加双方的了解，加深彼此的友谊，为商务合作的成功开展打下良好基础。可以说宴请客人是改善国际商务活动中人际关系的途径。假如你受公司委托去预订餐厅，你会如何完成任务？会考虑到哪些方面（如客人的具体情况、餐厅的服务质量、交通是否方便）呢？

Dining guests in restaurants is an important business activity. Holding a banquet can create a harmonious and relaxed atmosphere for conversation, increase mutual understanding, deepen mutual friendship, and lay a good foundation for the successful development of business cooperation. It can be said that entertaining guests is a way to improve interpersonal relationships in international business activities. If you were entrusted by the company to book a restaurant, how would you complete the task? Which aspects (such as the specific situation of the guests, the service quality of the restaurant, and whether the transportation is convenient) will be considered?

## 商务小贴士 Business tips

### 中国的餐饮礼仪 [1]

**1.座次安排**

中国人聚餐多使用圆桌，下面以圆桌为例来介绍座次的安排。座次的安排以左为尊（以房间门为准）。正对门的座位一般是主陪来坐，主宾坐在他的右手边，副宾坐在他的左手边，副主陪的位置则坐在主陪对面的位置。

**2.筷子的使用**

用筷子时务必要注意以下事项：不要在菜里翻来翻去、挑挑拣拣；不要夹起菜来又放下去夹别的；不要用舌头舔筷子；在别人夹菜时，不要从别人的手上边或下边穿过；不要用筷子敲碗、盘、碟和桌子等；不要把筷子插在食物里；不要把筷子当牙签使用；不要拿着筷子指来指去；不要把筷子竖直插在饭里；不要把筷子直接放在桌子上，最好要放在筷子架（筷枕）上，如果没有筷子架就放在自己面前的碗、碟上。

**3.点菜、劝菜和夹菜**

中国人聚餐时大家围坐在一起，体现的是集体主义思想。而西方人实行分餐或自助餐，体现的是个人主义思想。中国人请客时，为表示对客人的尊重，主人一般会邀请客人点菜，客人则表示客随主便，把点菜权还给主人。在进餐时，主人会劝客人吃菜，否则就有冷落客人、招待不周的嫌疑。主人会用公筷给客人夹菜，表示热情。

**4.用餐**

上菜时，先上凉菜，大家边吃边等热菜，然后等酒喝得差不多了再上主食、水果和点心。摆放菜的时候，比较好的或有特色的菜要摆放在离主宾较近的位置，以表示对客人的尊敬。

进餐前，主陪一般要致敬酒词，向客人表示欢迎。每一道菜上来后，都是主宾和主人先动筷子，然后其他人才能动筷子。

按照中国人的习惯，客人是绝不会把菜全吃完的，总会剩下一些，否则，主人会感到没面子。菜也不能剩很多，因为这会让主人觉得客人不喜欢吃他点的菜，这同样也会没面子。

---

1　参见：吴安萍，张琼.中国传统文化（双语版）.北京：中国纺织出版社，2020.

进食时要坐得靠前一些，靠近摆放食品的盘子，以免不慎掉落的食物弄脏了座席。宴请开始，菜品端上来时，作为客人要起立；在有贵客到来时，其他客人都要起立，以示恭敬。主人让食，要热情取用，不可置之不理。

如果来宾地位低于主人，必须双手端起食物面向主人道谢，等主人寒暄完毕之后，客人方可入席落座。宴请结束，主人不能先吃完而撤下客人，要等客人用完以后方可一起离席。要入口的饭，不能再放回饭器中，别人会感到不卫生。

食物咀嚼时不要让舌在口中发出响声，主人会觉得你是对他的饭食不满意。不要一味地取食自己喜欢吃的某道菜，或者争着去吃，有贪吃之嫌。进食时不要随意不加掩饰地大剔牙齿，一定要等到饭后再剔。吃饭时不能唉声叹气，不可哀叹。

## Dining Etiquette in China

### 1. Seating arrangement

Chinese people usually use round tables for dinner. Here is an example of round tables to introduce the arrangement of seats. Seats are arranged on the left (room door as the standard). The seats directly opposite the door are usually done by the chief escort and the main guest sits on his right hand, the deputy guest sits on his left. The vice escort sits opposite the seat of the chief escort.

### 2. Use of chopsticks

When using chopsticks, we must pay attention to the following things: don't flip and pick in the dishes; don't pick up the dishes and put them down to clip other dishes; don't lick them with your tongue; don't go through them from the top or bottom of others' hands when they clip dishes;

don't knock on bowls, plates, dishes and tables with chopsticks; don't insert chopsticks into food; don't use chopsticks as toothpicks; don't hold them to point around; don't stick them vertically in the meal; don't put them directly on the table, it's better to put them on the chopstick rack (chopstick pillow), if there is no chopstick rack, put them on the bowls or dishes in front of you.

### 3. Ordering, persuading and picking dishes

When Chinese people gather for a meal, they are all sitting together, reflecting collectivism. The western people practice separate meals or independent meals, which embodies individualism. When Chinese treat guests, in order to show respect for the guests, the host usually invites the guests to order, while the guests say that the guests are free to return the right to order to the host. During the meal, the host will persuade the guests to eat, otherwise there will be the suspicion of neglecting the guests and inappropriate hospitality. The host will use serving chopsticks to bring dishes to the guests to express his enthusiasm.

### 4. Having meals

When serving, we first serve cold dishes. While eating the cold dishes, we wait for the hot ones, and then wait until the wine is almost finished before serving staple food, fruit, and snacks. When placing dishes, better or distinctive dishes should be placed close to the guest to show respect for the guests.

Before the meal, the host usually salutes the guests and welcome them. After each dish is served, it is the guest and host who first moves the chopsticks, and then the others can move the chopsticks.

According to Chinese custom, guests will never finish all the dishes, and there will always be some left, otherwise, the host will feel disgraced. It can't also leave much, because it will make the host feel that the guests don't like the dishes he ordered, and it will also lose face.

When eating, sit closer to the plate where the food is placed, so as not to dirty the seat by the food that falls accidentally. At the beginning of the banquet, when the dishes are served, they should stand up as guests; when there are distinguished guests, the other guests should stand up to show their respect. Let the host give food and the guests use it with enthusiasm and cannot ignore it.

If the guest is inferior to the host, he must take up the food with both hands and thank the host. After the host's greeting is over, the guest can sit down at the table. When the banquet is over, the host can't finish the meal first and leave the guests behind. He can leave the dinner together only after the guests have finished. The food that you want to enter your mouth can't be put back into the rice bowl, and others will feel unhygienic.

Don't let your tongue make a noise in your mouth when chewing food. The host will feel that you are not satisfied with his food performance. Do not blindly feed yourself to eat a dish you like, or compete to eat it, which will show you are greedy. When eating, don't pick your teeth carelessly and without any disguise. You must wait until after meals. We cannot sigh or lament when eating.

第四单元

# 办公日常

# Unit 4
# Office Work

在本单元，你会了解在办公室和同事之间的一些日常对话，包括入职仪式、工作交接、办公设备使用、会议筹备过程中的表达，这些能够更好地帮助你融入商务场景下的办公环境。

In this unit, you will learn about some daily conversations with colleagues in the office, including orientations, work handovers, use of office equipment, and expressions during meeting preparation, which can help you better integrate into the office environment in business scenarios.

# 欢迎加入我们公司

## Welcome to Our Company

 前热身 Warm-up

1. 在你的国家，当新员工入职时，需要做哪些准备？
2. 公司会为新入职的同事准备些什么呢？

课文 Texts

### 课文一

A：王经理，这是我们新来的同事张森蒙。森蒙，这是王经理。

B：欢迎欢迎，欢迎你加入我们的公司。

C：谢谢王经理，还请您多多关照。

A：王经理工作经验很丰富，你有什么问题可以请教他。

C：太好了！我是新手，请王经理多多指教。

B：别客气，大家都是同事，我们互相学习。

A：我带你熟悉熟悉环境吧。

### kèwén yī

A：Wáng jīnglǐ, zhè shì wǒmen xīn lái de tóngshì Zhāng Sēnméng. Sēnméng, zhè shì Wáng jīnglǐ.

B：Huānyíng huānyíng, huānyíng nǐ jiārù wǒmen de gōngsī.

C：Xièxie Wáng jīnglǐ, hái qǐng nín duōduō guānzhào.

A：Wáng jīnglǐ gōngzuò jīngyàn hěn fēngfù, nǐ yǒu shénme wèntí kěyǐ qǐngjiào tā.

C：Tài hǎo le! Wǒ shì xīnshǒu, qǐng Wáng jīnglǐ duōduō zhǐjiào.

B：Bié kèqi, dàjiā dōu shì tóngshì, wǒmen hùxiāng xuéxí.

A：Wǒ dài nǐ shúxi shúxi huánjìng ba.

## 课内练习 Exercises

一 **分角色朗读课文**。Role-play the conversation.

二 **根据课文内容，回答问题**。Answer the following questions according to the text.

1. 新来的同事是谁?

2. 王经理的工作经验丰富吗?

3. 王经理带新同事去做什么?

三 **听一听，跟读句子**。Listen and read the sentences.

1. 欢迎你加入我们的公司。

2. 还请您多多关照。

3. 你有什么问题可以请教他。

4. 请王经理多多指教。

5. 别客气，大家都是同事，我们互相学习。

## 生词学习 New words

| 同事（名） | tóngshì | colleague |
|---|---|---|
| 加入（动） | jiārù | join in |
| 关照（动） | guānzhào | take care of |
| 经验（名） | jīngyàn | experience |
| 丰富（形） | fēngfù | rich |
| 请教（动） | qǐngjiào | seek advice from |
| 新手（名） | xīnshǒu | raw recruit |
| 指教（动） | zhǐjiào | give advice or comments |
| 互相（副） | hùxiāng | each other |
| 带（动） | dài | take |
| 熟悉（动） | shúxī | get familiar with |
| 环境（名） | huánjìng | environment |

**课文二**

A：这是我们的打卡机。每天上下班的时候你要记得考勤。

B：我们的上班时间是从几点到几点呢？

A：每天早上八点半之前打卡签到，五点半以后签退。中午十一点半到一点半是午休时间。现在开车的人多，早高峰肯定会堵车。

B：好的，我会早点儿出门，一定会准时上班。

A：午休的时候我们常常出去喝咖啡。活动活动身体能提高工作效率。

B：以后我们一起去吧。

**kèwén èr**

A：Zhè shì wǒmen de dǎkǎ jī. Měitiān shàngxiàbān de shíhou nǐ yào jìde kǎoqín.

B：Wǒmen de shàngbān shíjiān shì cóng jǐ diǎn dào jǐ diǎn ne?

A：Měitiān zǎoshàng bā diǎn bàn zhīqián dǎkǎ qiāndào, wǔ diǎn bàn yǐhòu qiāntuì. Zhōngwǔ shíyī diǎn bàn dào yì diǎn bàn shì wǔxiū shíjiān. Xiànzài kāichē de rén duō, zǎogāofēng kěndìng huì dǔchē.

B：Hǎo de, wǒ huì zǎodiǎnr chūmén, yídìng huì zhǔnshí shàngbān.

A：Wǔxiū de shíhou wǒmen chángcháng chūqù hē kāfēi. Huódòng huódòng shēntǐ néng tígāo gōngzuò xiàolù.

B：Yǐhòu wǒmen yìqǐ qù ba.

## 课内练习 Exercises

一 **分角色朗读课文**。Role-play the conversation.

二 **根据课文内容，回答问题**。Answer the following questions according to the text.

1. 上班时间从几点到几点？

2. 上下班的时候要记得做什么呢？

3. 午休的时候我们可以做什么？

三 **听一听，跟读句子**。Listen and read the sentences.

1. 每天上下班的时候你要记得考勤。

2. 每天早上八点半之前打卡签到，五点半以后签退。

3. 现在开车的人多，早高峰肯定会堵车。

4. 我会早点儿出门，一定会准时上班。

5. 活动活动身体能提高工作效率。

## 生词学习 New words

| 打卡机（名） | dǎkǎ jī | punched-card machine |
| 记得（动） | jìde | remember |
| 考勤（动） | kǎoqín | check on work attendance |
| 之前（名） | zhīqián | before |
| 午休（名） | wǔxiū | noon break |
| 早高峰（名） | zǎogāofēng | traffic peak time in the morning |
| 肯定（形） | kěndìng | definitely |
| 堵车（动） | dǔchē | be congested |
| 准时（副） | zhǔnshí | on time |
| 活动（动） | huódòng | exercise |
| 提高（动） | tígāo | improve |
| 效率（名） | xiàolù | efficiency |

## 语言点链接 Language points

一 **双音节动词重叠的用法** Usage of the reduplication of verbs

动词重叠是汉语中很有特色的一种语言现象。通常用来表示①时间短；②尝试；③语气和缓、委婉。双音节动词的重叠形式只有一种，即ABAB式，如"学习学习""休息休息""讨论讨论"等。

Verb reduplication is a very distinctive language phenomenon in Chinese. It is usually used to express ① short duration; ② attempt; ③ mild and euphemistic tone. There is only one reduplication form for disyllabic verbs, that is, the ABAB pattern, such as "学习学习" "休息休息" and "讨论讨论".

汉语中大部分动作动词和小部分心理动词都可以重叠，但趋向动词、关系动词、存现动词、使令动词则不能重叠。可以重叠的动词大部分是持续性动词。一次性动作动词，即一次就结束不可能重复进行的，不可以重叠。

In Chinese, most action verbs and a small number of psychological verbs can overlap, but directional verbs, relation verbs, existential verbs and imperative verbs can't overlap. Verbs that can overlap are mostly continuous verbs. Verbs of one-time action, that is, they end at one time and cannot be repeated, cannot overlap.

（1）欢迎欢迎，欢迎你加入我们公司。

（2）你们一起练习练习篮球吧。

**二 "太……了" 的用法 Usage of "太……了"（tài……le）**

"太" 一般用于表示说话人的主观想法，强调程度很高，既可以用于表达对程度之高的赞赏、满意之情，也可以用于表达对程度过高的不满意和抱怨。常用句式为 "太……了"。

"太" (tài) is generally used to express the speaker's subjective thoughts and emphasizes a very high degree. It can be used to express both admiration and satisfaction for a high degree, as well as dissatisfaction and complaints about an excessively high degree. The common sentence pattern is "太……了" (tài……le).

1.说话人认为程度过高，用于不满意和抱怨的情况。

The speaker thinks the degree is too high and expresses dissatisfaction and complaint for this degree.

（1）这道菜太辣了，我不能吃。

（2）天安门太远了，我不想去。

2.说话人认为程度很高，且对于这种程度表示赞赏和满意的情况。

The speaker thinks the degree is very high and expresses admiration and satisfaction for this degree.

（1）这儿太美了！

（2）爬山太累了！

**三 "……的时候" 的用法 Usage of "……的时候"（……de shíhou）**

"……的时候" 既可以表示时段，也可以表示时间点。但是一般表示的是模糊的时间，而不是精确的时间。能够出现在"的时候"前面的成分包括名词、形容词、动词等。

"……的时候"（…… de shíhou) can indicate both a period of time and a point in time. But it generally indicates the fuzzy time, not the precise time. The components that can appear in front of "的时候" (de shíhou) include：nouns, noun phrases, quantitative phrases, adjectives, adjective phrases, verbs, verb phrases, clauses, etc.

（1）高中的时候，我就想学习汉语。

（2）着急的时候，我们打车去学校。

（3）吃饭的时候，他喜欢先喝水。

**四　"一点儿"的用法 Usage of "一点儿"(yìdiǎnr)**

"一点儿"一般表述量少、程度不深。"一点儿"是一个"数+量"的结构，副词。

The expression "一点儿" (yīdiǎnr) generally indicates that the degree is not deep. "一点儿" (yīdiǎnr) is a "number+quantity" structure, an adverb.

（1）他一点儿也不累。

（2）你走快一点儿。

1.作为数量词，"一点儿"常用在名词前面，表示数量很少。

As aquantity word, "一点儿" (yīdiǎnr) is often used in front of nouns, indicating a small number.

（1）我去超市买一点儿东西。

（2）我今天喝了一点儿酒。

2.表示程度不深的时候，"一点儿"要用在形容词后边，可以用在有比较的时候。

If "一点儿" (yīdiǎnr) indicates that the degree is not deep, it is used after adjectives. Besides, it can be used when there is a comparison.

（1）今天比昨天暖和一点儿。

（2）这件衣服比那件衣服便宜一点儿。

3."一点儿"也常常用来表示自己的希望或要求。

It is also often used to express one's hopes or requests.

（1）这件衣服太贵了，便宜一点儿吧。

（2）请你说慢一点儿。

## 课后练习 Exercises

**一** 看拼音写汉字。Look at the *pinyin* and write the words.

| huānyíng | fēngfù | hùxiāng | huánjìng |
|---|---|---|---|
| （　　　） | （　　　） | （　　　） | （　　　） |

| jìdé | kěndìng | dǔchē | tígāo |
|---|---|---|---|
| （　　　） | （　　　） | （　　　） | （　　　） |

**二** 选词填空。Choose the right words to fill in the blanks.

| 一点儿 | 太 | 丰富 | 加入 | 一定 |
|---|---|---|---|---|

1.今天学校的菜很（　　　）。

2.明天早上要考试，我要早（　　　）去学校。

3.他怎么还没来？（　　　）是起床晚了。

4.欢迎你（　　）我们团队。

5.不好意思，我刚来中国，你说得（　　　）快了，我听不懂。

**三** 替换练习。Substitution drill.

1.欢迎你加入我们的公司。

    来到我们学校

    参观我们工厂

    莅临我们公司

2.我们互相学习。

    帮助

    了解

    关心

3.我们的上班时间是从几点到几点呢?

    学期　　　从几月到几月

    午休时间　从几点到几点

    假期　　　从几号到几号

4.午休的时候我们常常喝咖啡。

  上课的时候　　　讨论问题

  跑步的时候　　　听歌

  着急的时候　　　心跳加快

5. <u>活动活动身体</u>能提高工作效率。

　　休息休息

　　调整调整心情

　　听听歌

**四** **把下面的词语整理成句子。**Rearrange the following words and phrases to make sentences.

| | | | | |
|---|---|---|---|---|
| 1. 王经理 | 经验 | 很 | 工作 | 丰富 |
| 2. 上班 | 他 | 准时 | 一定 | 会 |
| 3. 能 | 提高 | 活动活动 | 效率 | 身体 |
| 4. 大家 | 早点儿 | 上班 | 记得 | |
| 5. 不要 | 说话 | 大声 | 吃饭的时候 | |

**五** **听录音，判断对错。**Listen to the recording and judge whether the statements are true or false.

1. 新来的同事是小王。

2. 公司的上班时间是早上九点到下午六点。

3. 他们中午没有休息时间。

4. 公司里有食堂。

5. 有问题可以请教王经理。

# 拓展活动 Extension activities

　　假如你的公司新招聘的同事即将加入你的团队，请你为你的新同事介绍一些公司的规定，如公司的考勤制度，上下班时间，不同部门的负责人，常见问题的解决方法等。

　　If your company's newly recruited colleagues are about to join your team, please introduce some company regulations to your new colleagues, such as the company's attendance system, working hours, heads of different departments, and solutions to common problems.

# 第十一课
# Lesson 11　办公室的打印机坏了
## The Office Printer Is Not Working

### 课前热身 Warm-up

1.你可以说出这些办公设备的名称吗？

（复印机、打印机、电话、电脑、桌子、椅子）

### 课文 Texts

#### 课文一

A：你会用这台打印机吗？

B：这台新打印机有点儿复杂。你怎么不用办公室里的打印机呢？

A：办公室里的打印机坏了。

B：哦。我昨天刚学会怎么用。

A：你快教我一下吧。

B：你先输入你的工号，然后按照提示一步步做。

A：好的，我试试。

#### kèwén yī

A：Nǐ huì yòng zhè tái dǎyìnjī ma?

B：Zhè tái xīn dǎyìnjī yǒudiǎnr fùzá. Nǐ zěnme bú yòng bàngōngshì lǐ de dǎyìnjī ne?

A：Bàngōngshì lǐ de dǎyìnjī huài le.

B：Ò. Wǒ zuótiān gāng xuéhuì zěnme yòng.

A：Nǐ kuài jiāo wǒ yíxià ba.

B：Nǐ xiān shūrù nǐ de gōnghào, ránhòu ànzhào tíshì yíbùbù zuò.

A：Hǎo de, wǒ shìshi.

## 课内练习 Exercises

一　分角色朗读课文。Role-play the conversation.

二　根据课文内容，回答问题。Answer the following questions according to the text.

1. 新打印机在办公室吗？

2. 办公室的打印机怎么了？

3. 新打印机怎么用？

三　听一听，跟读句子。Listen and read the sentences.

1. 你会用这台打印机吗？

2. 你怎么不用办公室里的打印机呢？

3. 办公室的打印机坏了。

4. 你先输入你的工号。

5. 我试试。

## 生词学习 New words

| 台（量） | tái | measure word for some machines |
|---|---|---|
| 打印机（名） | dǎyìnjī | printer |
| 有点儿（副） | yǒudiǎnr | a little bit |
| 复杂（形） | fùzá | complicated; complex |
| 刚（副） | gāng | just now |
| 教（动） | jiāo | teach |
| 先（连） | xiān | first |
| 输入（动） | shūrù | input |
| 然后（连） | ránhòu | afterwards |
| 按照（动） | ànzhào | follow |
| 提示（名） | tíshì | hint |

**课文二**

A：我们办公室的打印机又坏了。

B：怎么了？墨盒没墨了还是卡纸了？

A：我也不知道。

B：再联系信息资源中心的同事看一下吧。

A：我给他们打过电话了，他们下午会来。

B：希望他们能修好。

**kèwén èr**

A：Wǒmen bàngōngshì de dǎyìnjī yòu huài le.

B：Zěnme le? Mòhé méi mò le háishi kǎ zhǐ le?

A：Wǒ yě bù zhīdào.

B：Zài liánxì xìnxī zīyuán zhōngxīn de tóngshì kàn yíxià ba.

A：Wǒ gěi tāmen dǎ guo diànhuà le, tāmen xiàwǔ huì lái.

B：Xīwàng tāmen néng xiū hǎo.

## 课内练习 Exercises

一　**分角色朗读课文**。Role-play the conversation.

二　**根据课文内容，回答问题**。Answer the following questions according to the text.

1. 办公室的打印机怎么了？

2. 谁可以修理打印机？

3. 怎么联系维修打印机的人员？

三　**听一听，跟读句子**。Listen and read the sentences.

1. 我们办公室的打印机又坏了。

2. 墨盒没墨了还是卡纸了？

3. 再联系信息资源中心的同事看一下吧。

4. 他们下午会来。

5. 希望他们能修好。

## 生词学习 New words

| | | |
|---|---|---|
| 又（副） | yòu | again |
| 墨盒（名） | mòhé | ink cartridge |
| 墨（名） | mò | ink |
| 卡纸（名） | kǎzhǐ | paper jam |
| 信息（名） | xìnxī | information |
| 资源（名） | zīyuán | resource |
| 中心（名） | zhōngxīn | center |
| 打（电话）（动） | dǎ（diànhuà） | make (a phone call) |

## 语言点链接 Language points

一　"有点儿" 的用法 Usage of "有点儿" (yǒudiǎnr)

"有点儿" 一般表示程度不深。

The expression "有点儿" (yǒudiǎnr) generally indicates that the degree is not deep.

1.副词，用在形容词前边，一般是说自己不好的感觉。

As an adverb, it can be used before an adjective, usually to express one's negative feelings.

（1）我今天有点儿累。

（2）那个地方有点儿远。

2.可以用在心理动词前边。

It can be used before a mental verb.

（1）我有点儿想吃中国菜。

（2）我有点儿喜欢他。

> ❗注意 Note
>
> "有点儿" 和 "一点儿" 的区别：
>
> The difference between "有点儿" (yǒudiǎnr) and "一点儿" (yìdiǎnr):

| 有点儿 | | 一点儿 | |
|---|---|---|---|
| 形式 | 意义 | 形式 | 意义 |
| 有点儿＋形容词 | "有点儿"作状语，用在形容词前，一般表示不如意的事情 | 形容词＋一点儿 | "一点儿"用在形容词后面，表示比较或期望 |

二 "怎么"的用法 Usage of "怎么"(zěnme)

"怎么"作为疑问代词，常用来询问情况、性质、方式、原因、疑问、行动等。课文中，也可以看到"怎么"的两种用法。

As an interrogative pronoun, "怎么"(zěnme) is often used to ask about a situation, nature, manner, reason, question, action, etc. In the text, you can also see two uses of "怎么".

1.询问情况、性质、方式、行动等。

Inquire about the situation, nature, method, actions, etc.

（1）这台打印机怎么用？

（2）他每天怎么来学校？

2.询问原因，相当于"为什么"。

Ask for the reason, which is equivalent to asking "why".

（1）他们怎么还不回来？

（2）你怎么不去问老师？

三 "先……然后/再……"的用法 Usage of "先……然后/再……"(xiān……ránhòu/zài……)

"先……然后/再……"这组关联词语连接分句，通常表示承接关系。几个分句按照一定的顺序，相承相连地说下去（后一个分句承接前一个分句的内容），常表示连续的动作或连续发生的一系列事件。

As a group of conjunctive words, "先……然后/再……"(xiān……ránhòu/zài……) connects clauses, usually to indicate a continuing relationship. Several clauses follow each other in a certain order (the later clause follows the previous one), often indicating a continuous action or a series of events that occur in succession.

（1）早上的时候，我先穿衣服，然后刷牙洗脸，最后再吃饭。

（2）我先写完作业，然后看电视。

"先……然后/再"一般用在还没发生的事情，已经发生的事情一般用"先……

又……"表达。

"先……然后/再"generally used in things that have not yet happened. If things have already happened, it is generally expressed by "先……又……".

（1）上周末我先去了学校，又去了医院。

（2）昨天晚上我先写了作业，又看了一会儿电视。

（四）"又"和"再"的用法 Usage of "又"(yòu) and "再"(zài)

"又"和"再"都能够表示动作的重复和持续，但使用场景仍有一定的区别。

Both "又"(yòu) and "再"(zài) can indicate the repetition and continuation of the action, but there are some differences in the usage scenarios.

1.两者表示的情况不同。"又"一般表示过去已经发生的事情，常和"了"连用；"再"常表示将要发生的事情。

The two indicate different situations. The word "又"(yòu) generally indicates something that has happened in the past, and is often used in conjunction with "了"(le); "再"(zài) often indicates something that will happen.

（1）春天到了，花又开了。

（2）请你再说一遍。

2.两者的否定形式不同。"又"只能后面加否定词，"再"前后都可以加否定词。

The negative forms of the two are different. "又"(yòu) can only be followed by a negative word, while "再"(zài) can be preceded as well as followed by a negative word.

（1）你怎么又不吃饭？

（2）我再也不想被批评了。

3.两者的含义倾向性不同。"又"更倾向于相同和并列，"再"更倾向于承接和递进。

The tendencies of the two meanings are different. "又"(yòu) is more inclined to identical and parallel, while "再"(zài) is more inclined to progressive.

（1）她又聪明又漂亮。

（2）她想先去学校，再去公司。

4.两者的次数呈现形式不同。"又"(yòu) 通常只表示次数，一般只表示相同的动作或事情发生。"再"(zài) 有时专指第二次，有时又指多次。

The number of times is different between the two. The word "又" usually only means the number of times, generally only indicates the same action or thing happened. The word "再" sometimes refers exclusively to the second time, and sometimes refers to multiple times.

（1）今天又下雨了。

（2）他再次提出要好好学习汉语。

## 课后练习 Exercises

**一** 看拼音写汉字。Look at the *pinyin* and write the words.

| fùzá | ránhòu | tíshì | gāng |
|------|--------|-------|------|
| （　　　） | （　　　） | （　　　） | （　　　） |

| xìnxī | liánxì | xīwàng | xiū |
|-------|--------|--------|-----|
| （　　　） | （　　　） | （　　　） | （　　　） |

**二** 选词填空。Choose the right words to fill in the blanks.

| 有点儿　　　一点儿 |
|---|

1. 加班太累了，我去喝（　　　）咖啡。

2. 这份PPT的文字（　　　）多。

3. 茶水间的地上（　　　）水，我去拖一下。

4. 这件衣服大了（　　　），可以给我小一号的吗？

5. 经理今天（　　　）不高兴。

| 再　　　　　又 |
|---|

1. 我想了（　　　）想，文件一定不是我提交的。

2. 可以请你（　　　）说一遍吗？

3. 昨天的会议讨论还没结束，今天（　　　）开一次。

4. 这次的培训太累了，我（　　　）也不想参加了。

5. 今天（　　　）下雨了。

**三** 替换练习。Substitution drill.

1. 办公室的<u>打印机</u>坏了。

   复印机

   电脑

   扫描仪

2. 请输入你的<u>工号</u>。

   学号

   护照号

   密码

3.你可以和<u>信息资源中心</u>的同事联系一下。

        人力资源部门

        销售部门

        策划部门

4.我昨天刚学会怎么<u>用打印机</u>。

        游泳

        打印照片

        正反双面打印

5.你怎么<u>不用那一台打印机</u>？

      没去学校

      不说汉语

      没和同事一起下班

四 把下面的词语整理成句子。Rearrange the following words and phrases to make sentences.

| | | | |
|---|---|---|---|
| 1.有点儿 | 这台 | 复杂 | 扫描仪 |
| 2.学号 | 请 | 你的 | 输入 |
| 3.怎么用 | 知道 | 电视机 | 爸爸 |
| 4.来 | 他们 | 希望 | 能 |
| 5.卡纸了 | 还是 | 没墨了 | 打印机 |

五 听录音，判断对错。Listen to the recording and judge whether the statements are true or false.

1.打印机卡纸了。

2.小王给信息资源中心的同事打电话了。

3.文件需要马上打印。

4.李经理办公室的打印机有点儿复杂。

5.小王的文件最后打印好了。

## 拓展活动 Extension activities

    请你说说你了解的办公室常用设备，这些设备的用途和优缺点分别是什么；如果你遇到维修的问题，请你介绍一下报修流程；请你推荐一件能够大幅提高工作效率的办公设备，并说说理由。

     Please tell us about the common office equipment you know, and what are their uses, advantages and disadvantages; If you encounter maintenance problems, please introduce the repair process; please recommend an office equipment that can greatly improve work efficiency and give reasons.

## 第十二课
## Lesson 12 今天的会议准备得怎么样
### How Are the Preparations for Today's Meeting

 前热身 **Warm-up**

1.公司开会前，你会做什么准备？

2.一般情况下，会议通知会以什么样的形式传达给大家？

课 文 **Texts**

### 课文一

A：你知道今天下午要开会吗？

B：每周二下午是我们公司的例会时间。

A：几点开始呢？

B：下午两点到四点。

A：例会开什么内容呢？

B：一般总结上周的工作情况，安排这周的工作任务。会议议程一般是提前一天用邮件发给大家的。

A：谢谢，我查一下我的邮件。

 **kèwén yī**

A：Nǐ zhīdào jīntiān xiàwǔ yào kāihuì ma?

B：Měi zhōu'èr xiàwǔ shì wǒmen gōngsī de lìhuì shíjiān.

A：Jǐ diǎn kāishǐ ne?

B：Xiàwǔ liǎng diǎn dào sì diǎn.

A：Lìhuì kāi shénme nèiróng ne?

B：Yìbān zǒngjié shàng zhōu de gōngzuò qíngkuàng, ānpái zhè zhōu de gōngzuò rènwù. Huìyì yìchéng yìbān shì tíqián yì tiān yòng yóujiàn fāgěi dàjiā de.

A：Xièxie, wǒ chá yíxià wǒ de yóujiàn.

### 课内练习 Exercises

一 分角色朗读课文。Role-play the conversation.

二 根据课文内容，回答问题。Answer the following questions according to the text.

1. 公司每个星期几开例会？

2. 公司的例会时间从几点到几点？

3. 公司的例会一般什么内容？

三 听一听，跟读句子。Listen and read the sentences.

1. 每周二下午是我们公司的例会时间。

2. 例会开什么内容呢？

3. 一般总结上周的工作情况。

4. 会议议程一般是提前一天用邮件发给大家的。

5. 我查一下我的邮件。

### 生词学习 New words

| | | |
|---|---|---|
| 每（副） | měi | every |
| 周二（名） | zhōu'èr | Tuesday |
| 例会（名） | lìhuì | regular meeting |
| 开始（动） | kāishǐ | begin |
| 内容（名） | nèiróng | content |
| 总结（动） | zǒngjié | conclude |
| 情况（名） | qíngkuàng | situation |
| 任务（名） | rènwù | task |
| 议程（名） | yìchéng | agenda |
| 提前（动） | tíqián | advance |
| 邮件（名） | yóujiàn | mail |

## 课文二

A：今天的会议准备得怎么样？

B：会议通知已经都发出去了。

A：今天我们开视频会议，设备都调试了吗？

B：全部都已经调试过了。

（会议中）

A：大家好，会场的声音怎么样？

B：声音有点儿滞后。

A：可能是网络的问题。你可以重新连接一次。

B：好的，没问题了。

## kèwén èr

A：Jīntiān de huìyì zhǔnbèi de zěnmeyàng?

B：Huìyì tōngzhī yǐjīng dōu fā chūqù le.

A：Jīntiān wǒmen kāi shìpín huìyì, shèbèi dōu tiáoshì le ma?

B：Quánbù dōu yǐjīng tiáoshì guò le.

（Huìyì zhōng）

A：Dàjiā hǎo, huìchǎng de shēngyīn zěnmeyàng?

B：Shēngyīn yǒudiǎnr zhìhòu.

A：Kěnéng shì wǎngluò de wèntí. Nǐ kěyǐ chóngxīn liánjiē yí cì.

B：Hǎo de, méi wèntí le.

# 课内练习 Exercises

一　**分角色朗读课文**。Role-play the conversation.

二　**根据课文内容，回答问题**。Answer the following questions according to the text.

1. 今天的会议是什么形式的会议？

2. 会议的设备调试得怎么样？

3. 会议开始时遇到什么问题？

三　**听一听，跟读句子**。Listen and read the sentences.

1. 今天的会议准备得怎么样？

2. 今天我们开视频会议。

3. 设备都调试了吗？

4. 会场的声音怎么样？

5. 你可以重新连接一次。

## 生词学习 New words

| 通知（名） | tōngzhī | notice |
|---|---|---|
| 视频（名） | shìpín | video |
| 设备（名） | shèbèi | device |
| 调试（动） | tiáoshì | debug |
| 全部（副） | quánbù | all |
| 已经（副） | yǐjīng | already |
| 过（助） | guò | indicates the completion of the action |
| 声音（名） | shēngyīn | voice |
| 滞后（动） | zhìhòu | lag behind |
| 网络（名） | wǎngluò | internet |
| 重新（副） | chóngxīn | afresh |
| 连接（动） | liánjiē | connect |

## 语言点链接 Language points

一 "是……的" 的用法 Usage of "是……的" (shì……de)

"是……的" 句一般强调过去某一个已经实现的动作的时间、地点、方式、施事、受事等。它的使用前提是说话人和听话人都知道已经发生了一件事情，当说话人或听话人想进一步强调事情发生的时间、地点、方式、目的、条件或动作者时，可以使用 "是……的" 结构。在肯定句中，"是" 可以省略；在否定句中，"是" 不能省略。

The construct "是……的" (shì……de) generally emphasizes the time, location, manner, subject and object etc., of an act that has already taken place or completed. It is used on the premise that both the speaker and the hearer know that an event has occurred. When the speaker or the hearer wants to further emphasize the time, place, method, purpose, condition or actor of the event, the "是……的" (shì……de) structure can be used. In an affirmative sentence, "是" (shì) may be omitted; in a negative sentence, "是" (shì) cannot be omitted.

（1）他是昨天来我们公司参观的。

（2）他不是坐飞机来的。

（3）他是为了面试来的。

（4）这个任务是给我布置的。

二 "吗""呢"的用法 Usage of "吗" (ma) and "呢" (ne)

"吗""呢"是常见的语气词，但它们的使用情境各不相同。

"吗" (ma) and "呢" (ne) are common modal particles, but they are used in different situations.

1. "吗" (ma) 的用法

常用于是非疑问句。

It is often used in general questions.

（1）你是王经理吗？

（2）这里是外贸公司吗？

2. "呢" (ne) 的用法

一般用在选择问句、特殊问句的后面。

It is generally used after selective questions and special questions.

（1）你去上海还是南京呢？

（2）你什么时候去呢？

"呢" 还可以用在名词或名词性成分之后表示询问情况。

"呢" (ne) can also be used after nouns or noun components to indicate the inquiry situation.

（1）我一会儿去学校，你呢？

（2）你的护照呢？

三 趋向补语的用法 Usage of directional complements

有些动作在发生时，常常带有一定的方向性。因此，汉语中，在动词后面加上趋向补语就用来表示动作发生的方向。趋向补语可以分为简单趋向补语和复合趋向补语。

Some actions often have certain directionality when they occur. Therefore, in Chinese, adding directional complements after verbs is used to indicate the direction of action. Directional complement can be divided into simple directional complement and compound directional complement.

1.简单趋向补语 Simple directional complements

动词"来"或"去"放在其他动词后面做补语，表示动作使人或事物移动的方向。如果动作是向着说话人或所谈事物进行，就用"来"；如果动作是背着说话人或所谈事物进行，就用"去"。

The verb "来" or "去" is placed after other verbs as a complement to indicate the direction in which the action moves a person or thing. If the action is directed towards the speaker or the thing being talked about, use "来"; If the action is done behind the back of the speaker or the thing being talked about, "去" is used.

（1）你进来吧。

（2）妈妈出去了。

2.复合趋向补语 Compound directional complements

在趋向动词后面加上简单的趋向补语"来"或"去"，表示动作、行为或性状的发展趋势和方向。

Adding the simple directional complements "来" or "去" after a directional verb indicates the development trend and direction of an action, behavior or characteristic.

| 上来 | 下来 | 进来 | 出来 | 回来 | 过来 | 起来 |
| 上去 | 下去 | 进去 | 出去 | 回去 | 过去 | / |

（1）会议结束，大家都从会议室走出去了。

（2）姐姐从图书馆借回来一些书。

## 课后练习 Exercises

一 **看拼音写汉字**。Look at the *pinyin* and write the words.

lìhuì      nèiróng      ānpái      yóujiàn

（　　　） （　　　） （　　　） （　　　）

zhǔnbèi      yǐjīng      shēngyīn      wǎngluò

（　　　） （　　　） （　　　） （　　　）

**二 选词填空**。Choose the right words to fill in the blanks.

| 出去 | 准备 | 呢 | 吗 | 会议 |
|---|---|---|---|---|

1. 今天的（　　　）从几点开始？

2. 下周的会议是视频会议还是电话会议（　　　）？

3. 你认识新来的经理（　　　）？

4. 今天开会前需要把材料都（　　　）好。

5. 发生什么事情了？我刚才看到小李跑（　　　）了。

**三 替换练习**。Substitution drill.

1. 你知道<u>今天下午要开会</u>吗？

　　　明天要考试

　　　王经理要来参观

　　　下周要开视频会议

2. 我查一下我的<u>邮件</u>。

　　　文件

　　　系统

　　　短信

3. 会议的设备都<u>调试</u>了。

　　　设置

　　　检修

　　　维护

4. 今天我们要<u>开视频会议</u>。

　　　组织团建

　　　安排聚餐

　　　加班工作

5. 可能是<u>网络</u>的问题。

　　　信号不好

　　　通知有误

　　　地点调整

**四 把下面的词语整理成句子**。Rearrange the following words and phrases to make sentences.

| 1.每个 | 星期五 | 例会 | 公司 | 开 |
|---|---|---|---|---|
| 2.从 | 楼上 | 她 | 下来 | 走 |

| 3. 请 | 一下 | 查 | 邮件 | 你的 |
|---|---|---|---|---|
| 4. 设备 | 已经 | 了 | 调试 | 会议的 |
| 5. 一次 | 重新 | 连接 | 可以 | 你 |

五 **听录音，判断对错。** Listen to the recording and judge whether the statements are true or false.

1. 今天下午有电话会议。

2. 今天下午的会议是一点半开始的。

3. 会议号还没发给大家。

4. 会议是用腾讯（téngxùn，Tencent Corporation）会议开的。

5. 会议要讨论合同。

## 拓展活动 Extension activities

如果公司需要你组织一次和国外的视频会议，请你说说会议准备的流程以及会前、会中、会后需要准备的材料和注意事项。

If the company needs you to organize a video conference with international participants, please describe the preparation process for the meeting and the materials and precautions to be prepared before, during and after the meeting.

## 商务小贴士 Business tips

### 混合式办公 [1]

该模式，也被称作线上+线下模式，结合了传统办公室工作与远程工作的优势，为员工和企业带来了多重益处。这种灵活的工作方式使员工可以根据工作性质、任务需求和个人生活安排，在办公室和家中或其他远程地点之间自由切换。

---

1　参见：刘志华，刘珊. 混合办公带给企业新考验——基于 1328 家企业的混合办公问卷调查. 企业管理，2023（4）：25–29；冯贞翔. 元宇宙时代的混合式办公初探. 办公自动化，2022（18）：10–12，45；刘松博，程进凯，王曦. 远程办公的双刃剑效应：研究评述及展望. 当代经济管理，2023（4）：61–68.

混合式办公在特殊时期能够解决工作上的很多困难，带来一定的效益。但在全社会数字化转型加速的背景下，充分评估混合办公模式对企业发展带来的影响，以及企业在推行混合办公模式过程中应如何把握机遇和应对挑战仍然具有重要意义。

### 一　混合式办公的正向影响

1.降低运营支出，节约办公成本。对于企业来讲，员工远程办公节省了大量的办公工位和办公空间，因此可以缩减写字楼租金，进而减少水电气暖等办公设备运营成本以及装修费、设备损耗及维护费用等等。

2.员工满意度提升，离职率下降。远程居家办公使员工获得更好的工作状态，员工对企业提供的灵活、弹性的工作环境感到满意，平衡家庭和工作的现实诉求得到满足，员工离职率下降约三分之一。

3.企业的工作效率和生产力有所提高。安静的办公环境使员工和团队的工作效率明显提升，"在家办公"提高了员工 13% 的绩效。

4.人才布局、办公选址更加全面灵活。混合办公模式打破了时间和空间的界限，企业可以把团队布局在更多的地方，实现全国甚至全球布局，从而更好地利用全球化人才资源，网罗更多优秀人才，提高企业竞争力。

5.帮助企业应对不确定的外部环境，提高抗风险能力。企业内部在线工作系统经过混合办公制度的反复检验和整改后，在稳定性和技术等方面逐渐趋于成熟，一旦再次遭遇疫情、自然灾害等紧急情况或社会危机，企业可以立即全面实行远程办公，员工能迅速适应，工作效率不会受到影响，从而确保公司业务的连续性。

### 二　推行混合办公过程中的注意事项

1.逐步过渡并根据实际灵活调整。根据混合办公的频率和程度，混合办公可分为"轻混"和"重混"。"轻混"是五个工作日中大部分时间在公司，其余少部分时间远程办公，"重混"则恰好相反。计划实施混合办公的企业，刚开始可以尝试"轻混",在此过程中随时观察效果,收集反馈,根据情况灵活调整远程办公的比例。

2.根据企业实际情况并选择合适岗位实施混合办公。不是所有的行业企业、所有的岗位都适合混合办公,应综合评估企业的硬性、软性条件,包括企业文化、推行目的、所属行业等。

3.实现管理理念和管理方式转变。面对混合办公,企业传统的管理模式可能受到挑战,应该适时做出调整,实现从垂直管理向扁平管理,从管控型到协作型,从过程管理到目标管理和结果管理的管理模式转变。

4.关注员工的意见表达和心理状态。从常态化推行混合办公的角度来看,企业除了要为员工提供远程办公所需要的技能操作、沟通协调等各类培训及辅导,还应做好对员工情绪表达、心理和社交方面的管理。

## Hybrid Office Model

The hybrid office model, also known as the online + offline model, combines the advantages of traditional office work and remote work, bringing multiple benefits to employees and businesses. This flexible way of working allows employees to switch freely between the office, home, or other remote locations based on the nature of their work, task requirements, and personal life arrangements.

During special circumstances, the hybrid office model can solve many work-related challenges and bring certain benefits. However, against the backdrop of accelerated digital transformation across society, fully evaluating the impact of the hybrid office model on enterprise development and how companies should seize opportunities and address challenges during its implementation process remains crucial.

### I. Positive impacts of hybrid office model

1. Reduced operational expenses, saved office costs. For enterprises, remote work by employees saves a significant amount of office workstations and space, allowing for reductions in office rental expenses, as well as operational costs related to utilities such as water, electricity, heating, and maintenance costs for office equipment and furnishings.

2. Increased employee satisfaction, reduced turnover rate. Remote home-based work enables employees to achieve a better work-life balance. Employees are satisfied with the flexible and adaptable work environment provided by the company, meeting the realistic demands of balancing family and work life. This leads to a one-third decrease in employee turnover rate.

3. Improved efficiency and productivity within the company. The quiet working environment enhances the efficiency of employees and teams significantly. "Work from home" has led to a 13% improvement in employee performance.

4. More comprehensive and flexible talent deployment and office location selection. The hybrid office model breaks the boundaries of time and space, allowing companies to establish teams in more locations nationally or globally, thus making better use of global talent resources, attracting more talented individuals, and enhancing the company's competitiveness.

5. Helping companies cope with uncertain external environments and enhance resilience to risks. Following repeated testing and refinement under the hybrid office system, internal online work systems have gradually matured in terms of stability and technology. In case of emergencies like pandemics, natural disasters, or social crises reoccur again, companies can promptly implement full-scale remote work operations with employees adapting quickly without affecting their productivity levels – ensuring business continuity for the company's operations.

**II. Tips in the implementation of hybrid office**

1. Gradual transition and flexible adjustments based on reality. Depending on the frequency and extent of hybrid office, it can be divided into "light hybrid" and "heavy hybrid". In "light hybrid", most of the time is spent in the office during the five working days, with a small portion remotely, while in "heavy hybrid", it is the opposite. Companies planning to implement hybrid office can start with "light hybrid", observe the effects, collect feedback during this process, and flexibly adjust the proportion of remote work as needed.

2. Implement hybrid office according to the actual situation of the company and select suitable positions. Not all industries or positions are suitable for hybrid

office. The company's hard and soft conditions should be comprehensively evaluated, including corporate culture, implementation purposes, industry affiliation, etc.

3. Achieve a transformation in management philosophy and management approach. Faced with hybrid office, a company's traditional management model may be challenged. Adjustments should be made in a timely manner to transition from vertical management to flat management, from control-oriented to collaborative-oriented, from process management to goal-oriented and result-oriented management models.

4. Pay attention to employees' opinions and psychological states. From the perspective of normalizing hybrid offices, companies should not only provide employees with various training and guidance on skills operations required for remote work but also manage employee emotional expression, psychological well-being, and social aspects effectively.

第五单元
商务
活动

# Unit 5
# Business
# Activities

　　在本单元，你会了解在一些较为专业的商务活动过程中的一些商务对话，包括招聘面试、客户来访、参观工厂等过程中的表达，这些表达能够更好地帮助你熟悉商务场景下的语言环境。

　　In this unit, you will learn about some business dialogues in some professional business activities, including recruitment and interviews, customer visits, factory visits etc., which can help you better understand the language environment in business scenarios.

# 我要去面试

## I Am for an Interview

 **前热身 Warm-up**

1. 去参加招聘面试的时候，你会怎么介绍自己呢？
2. 接到录取通知电话的时候，你又会怎么回复呢？

**课文 Texts**

**课文一**

A：您好，请坐！请先自我介绍一下好吗？

B：您好！我叫王佳，我毕业于宁波大学，专业是国际贸易。希望应聘贵公司的外贸助理工作。

A：你为什么来我们公司应聘？

B：据我所知，贵公司是宁波地区著名的外贸公司，我的专业符合贵公司要求。

A：你有什么工作经验吗？

B：我没有工作过，但是我有很强的学习能力，而且我有海外背景，我会英语、法语和汉语三种语言。

A：好的。如果你没有其他问题的话，我们的面试就先到这里。面试结果我们会在七天之内电话通知你。

B：好的，谢谢！

**kèwén yī**

A：Nínhǎo, qǐngzuò! Qǐng xiān zìwǒ jièshào yíxià hǎoma?

B：Nínhǎo! Wǒ jiào Wáng Jiā. Wǒ bìyè yú Níngbō dàxué, zhuānyè shì guójì màoyì. Xīwàng yìngpìn guì gōngsī de wàimào zhùlǐ gōngzuò.

A: Nǐ wèishénme lái wǒmen gōngsī yìngpìn?

B: Jù wǒ suǒ zhī, guì gōngsī shì Níngbō dìqū zhùmíng de wàimào gōngsī, wǒ de zhuānyè fúhé guì gōngsī yāoqiú.

A: Nǐ yǒu shénme gōngzuò jīngyàn ma?

B: Wǒ méiyǒu gōngzuò guò, dànshì wǒ yǒu hěn qiáng de xuéxí nénglì; érqiě wǒ yǒu hǎiwài bèijǐng, wǒ huì yīngyǔ, fǎyǔ hé hànyǔ sān zhǒng yǔyán.

A: Hǎo de. Rúguǒ nǐ méiyǒu qítā wèntí de huà, wǒmen de miànshì jiù xiān dào zhèlǐ. Miànshì jiéguǒ wǒmen huì zài qī tiān zhīnèi diànhuà tōngzhī nǐ.

B: Hǎo de, xièxie!

## 课内练习 Exercises

一　**分角色朗读课文**。Role-play the conversation.

二　**根据课文内容，回答问题**。Answer the following questions according to the text.

  1. B的专业是什么?

  2. B希望应聘什么工作?

  3. B有工作经验吗?

  4. B会几种语言?

  5. B什么时候可以知道面试结果?

三　**听一听，跟读句子**。Listen and read the sentences.

  1. 我毕业于宁波大学，专业是国际贸易。

  2. 据我所知，贵公司是宁波地区著名的外贸公司。

  3. 我的专业符合贵公司要求。

  4. 我没有工作过，但是我有很强的学习能力。

  5. 面试结果我们会在七天之内电话通知你。

## 生词学习 New words

| | | |
|---|---|---|
| 国际（名） | guójì | international |
| 贸易（名） | màoyì | trade |
| 应聘（动） | yìngpìn | apply for |
| 符合（动） | fúhé | be fit for |
| 但是（连） | dànshì | but |
| 海外（名） | hǎiwài | overseas |
| 背景（名） | bèijǐng | background |
| 结果（名） | jiéguǒ | result |

### 课文二

A：你好，请问是王佳吗？我是东日公司人力资源部。

B：您好！

A：很高兴通知你，经过各方面的考量，我们决定录用你为我司的外贸助理。

B：太好了，谢谢您。

A：下周二上午九点来我司报到，这个时间有问题吗？

B：可以，没问题。除了身份证，我还需要携带哪些资料呢？

A：请带好您的身份证、学历证书原件和两张两寸照片来人力资源部报到。

B：好的，没问题，那我们下周二见。

### kèwén èr

A：Nǐhǎo, qǐngwèn shì Wáng Jiā ma? Wǒ shì dōngrì gōngsī rénlì zīyuán bù.

B：Nínhǎo!

A：Hěn gāoxìng tōngzhī nǐ, jīngguò gè fāngmiàn de kǎoliáng, wǒmen juédìng lùyòng nǐ wéi wǒ sī de wàimào zhùlǐ.

B：Tài hǎo le, xièxie nín.

A：Xià zhōu'èr shàngwǔ jiǔ diǎn lái wǒ sī bàodào, zhègè shíjiān yǒu wèntí
　　ma?

B：Kěyǐ, méiwèntí. Chúle shēnfènzhèng, wǒ hái xūyào xiédài nǎxiē zīliào
　　ne?

A：Qǐng dàihǎo nínde shēnfènzhèng, xuélì zhèngshū yuánjiàn hé liǎng
　　zhāng liǎng cùn zhàopiàn lái rénlì zīyuán bù bàodào.

B：Hǎo de, méiwèntí, nà wǒmen xià zhōu'èr jiàn.

 **内练习 Exercises**

一 **分角色朗读课文**。Role-play the conversation.

二 **根据课文内容，回答问题**。Answer the following questions according to the text.

　1. A 是在公司什么部门？

　2. B 被录用了吗？

　3. B 什么时候去公司报到？

　4. 报到的时候要带什么？

三 **听一听，跟读句子**。Listen and read the sentences.

　1. 我们决定录用你为我司的外贸助理。

　2. 下周二上午九点来我司报到。

　3. 这个时间有问题吗？

　4. 除了身份证，我还需要携带哪些资料呢？

　5. 请带好您的身份证、学历证书原件和两张二寸照片来人力资源部报到。

**生词学习 New words**

| 人力资源 | rénlì zīyuán | human resource |
|---|---|---|
| 经过（介） | jīngguò | after; through |
| 考量（名） | kǎoliáng | consideration |

| 录用（动） | lùyòng | recruit |
|---|---|---|
| 报到（动） | bàodào | register |
| 携带（动） | xiédài | carry |
| 资料（名） | zīliào | material |
| 学历（名） | xuélì | diploma |
| 证书（名） | zhèngshū | certificate |
| 原件（名） | yuánjiàn | original copy |
| 寸（量） | cùn | inch |

## 语言点链接 Language points

**一 数字"2"的用法 Usage of number "2"**

数字"2"在口语中有 2 种读音："èr"和"liǎng"。通常在读数字和数数的时候读"èr"，后面跟着量词时则读"liǎng"。

The number "2" has two pronunciations in spoken Chinese："èr" and "liǎng". Usually it is pronounced "èr" when reading numbers and counting, and "liǎng" when followed by quantifiers。

（1）9 月 12 日　　jǐu yuè shí'èr rì
（2）下周二　　　　xià zhōu'èr
（3）2 张　　　　　liǎng zhāng
（4）2 寸　　　　　liǎng cùn

**二 "动词+过"的用法 Usage of "verb +过 (guò)"**

1. "动词+过"可以表示某个已经发生的动作或者状态，用来强调过去有过的某种经历。

"verb + 过 (guò)" can indicate an action or state that has occurred, and is used to emphasize a certain experience in the past.

（1）他来过中国。
（2）我去过这家公司。
（3）我吃过中国菜。

2. "动词+过"的否定形式是"没（有）+动词+过"。

The negative form of "verb +过 (guò)" is "没 (méi)（有 [yǒu]）+ verb +过 (guò)".

（1）他没（有）来过中国。

（2）我没（有）去过这家公司。

（3）我没（有）吃过中国菜。

3. "动词+过"的疑问形式是"动词+过+（宾语）+没有/吗？"。

The interrogative form of "verb +过 (guò)" is "verb +过 (guò)+ (noun) +没有 (méiyǒu) /吗 (ma)？".

（1）他来过中国没有/吗？

（2）你去过这家公司没有/吗？

（3）你吃过中国菜没有/吗？

三 "但是"的用法 Usage of "但是" (dànshì)

"但是"作为连词，常常和"虽然"一起使用，构成复句"虽然……，但是……"，用来表示转折。也可以单独使用。

"但是" as a conjunction is often used together with "虽然" to form the complex sentence pattern "虽然……，但是……", which is used to indicate a transition. It can also be used alone.

（1）虽然这份工作有点儿辛苦，但是我很喜欢。

（2）我没工作过，但是我有很强的学习能力。

四 "除了……，还……"的用法 Usage of "除了……，还……"(chúle……, hái……)

"除了……，还……"用来表示"除了……"分句中所说的之外，在"还……"分句中补充说明其他的情况。

"除了……，还……"(chúle……, hái……) is used to indicate that in addition to what is said in the clause "除了……"(chúle……), supplementary information are provided in the "还……"(hái……) clause.

（1）除了身份证，你还需要带上学历证书。

（2）除了英语，他还会说法语。

## 课后练习 Exercises

**一　看拼音写汉字**。Look at the *pinyin* and write the words.

| dànshì | bèijǐng | yìngpìn | bàodào |
|---|---|---|---|
| (　　　) | (　　　) | (　　　) | (　　　) |

| xuélì | zhèngshū | hǎiwài | yāoqiú |
|---|---|---|---|
| (　　　) | (　　　) | (　　　) | (　　　) |

**二　选词填空**。Choose the right words to fill in the blanks.

> 结果　　符合　　经过　　报到　　但是

1.我明天不能去，我要去学校（　　　）。

2.他的设计非常（　　　）客户的要求。

3.（　　　）我的努力，我的成绩提高了不少。

4.今天虽然有太阳，（　　　）还是有点冷。

5.面试的（　　　）要一周后才知道。

**三　替换练习**。Substitution drill.

1.如果<u>明天你想去爬山</u>，就<u>给我发微信</u>。

　　明天天气热　　　　去游泳

　　那件衣服不贵　　　给你买

　　明天客户有时间　　去拜访一下客户

2.<u>这件衣服很漂亮</u>，但是<u>有点儿贵</u>。

　　我们打算明天去上海　　没有买到票

　　我很想去旅游　　　　工作很忙没有时间

　　这次的面试有点难　　我成功被录用了

3.除了<u>今天</u>，你还<u>可以明天去</u>。

　　现金　　　可以用微信支付

　　商场　　　可以网上购物

　　飞机　　　可以坐高铁去北京

**四　把下面的词语整理成句子**。Rearrange the following words and phrases to make sentences.

| 1.请 | 自我 | 您 | 一下 | 先 | 介绍 |
|---|---|---|---|---|---|
| 2.结果 | 我们 | 通知 | 面试 | 会 | 三天内 |
| 　在 | 　你 | | | | |

3. 没有　　去　　我　　上海　　过

4. 决定　　我司　　我们　　录用　　你　　为

员工

5. 你　　有时间　　取　　就　　快递　　如果

我　　帮　　一下

**五** **改写句子**。Rephrase sentences.

例如：他来过中国。

他来过中国没有？

他没（有）来过中国。

1. 我去过北京。

_____

2. 我在微软工作过。

_____

3. 我们去上海迪士尼玩过。

_____

4. 我在中国坐过高铁。

_____

5. 他参加过阿里巴巴公司的面试。

_____

**六** **听录音，判断对错**。Listen to the recording and judge whether the statements are true or false.

1. 王明是法语专业的学生。

2. 王明想应聘公司的外贸业务员。

3. 王明以前没有工作过。

4. 王明对业务员感兴趣。

5. 面试结果一个星期内会通知王明。

## 展活动 Extension activities

你打算去一家外贸公司应聘，请准备一下应聘面试时的自我介绍。

You are having a job interview in a foreign trade company. Please prepare a self-introduction for this interview.

## 第十四课

Lesson 14 客户来访

### Client Visit

前热身 Warm-up

1.有客户来公司拜访，你会做哪些准备呢？

2.你会怎么安排客人的行程呢？

课文 Texts

课文一

A：您好，王总！欢迎您来我们公司考察，一路辛苦了！我是外贸部的经理助理，我叫张森蒙。

B：你好，森蒙。很高兴跟你们见面。

A：这边请，会议室在二楼，我们李总在会议室等您。

（会议室）

B：李总，今天终于有机会见面了！

C：王总，久仰大名呀！路上辛苦了！森蒙，你向王总介绍下行程安排。

A：李总，根据您的时间，我给您安排了行程。今天下午就在我们公司考察，明天上午我们一起去工厂看看，明天下午从工厂回来直接把您送到机场，您看这样安排行吗？

B：可以，我这次过来行程安排得比较紧，辛苦你们了。

A：这是我们应该做的。那现在我们先参观一下公司吧。

**kèwén yī**

A: Nínhǎo, Wáng zǒng! Huānyíng nín lái wǒmen gōngsī kǎochá, yílù xīnkǔ le! Wǒ shì wàimào bù de jīnglǐ zhùlǐ, wǒ jiào Zhāng Sēnméng.

B: Nǐhǎo, Sēnméng. Hěn gāoxìng gēn nǐmen jiànmiàn.

A: Zhèbiān qǐng, huìyìshì zài èr lóu, wǒmen Lǐ zǒng zài huìyìshì děng nín.

(Huìyìshì)

B: Lǐ zǒng, jīntiān zhōngyú yǒu jīhuì jiànmiàn le!

C: Wáng zǒng, jiǔyǎngdàmíng ya! Lùshàng xīnkǔ le! Sēnméng, nǐ xiàng Wáng zǒng jièshào xià xíngchéng ānpái.

A: Lǐ zǒng, gēnjù nín de shíjiān, wǒ gěi nín ānpái le xíngchéng. Jīntiān xiàwǔ jiù zài wǒmen gōngsī kǎochá, míngtiān shàngwǔ wǒmen yìqǐ qù gōngchǎng kànkan, míngtiān xiàwǔ cóng gōngchǎng huílái zhíjiē bǎ nín sòng dào jīchǎng, nín kàn zhèyàng ānpái xíng ma?

B: Kěyǐ, wǒ zhècì guòlái xíngchéng ānpái de bǐjiào jǐn, xīnkǔ nǐmen le.

A: Zhè shì wǒmen yīnggāi zuò de. Nà xiànzài wǒmen xiān cānguān yíxià gōngsī ba.

## 课内练习 Exercises

一 **分角色朗读课文。** Role-play the conversation.

二 **根据课文内容，回答问题。** Answer the following questions according to the text.

1. 客户来公司做什么？

2. 会议室在几楼？

3. 今天下午他们会去哪儿？

4. 明天他们要去哪儿？

5. 客户什么时候回去？

三 **听一听，跟读句子。** Listen and read the sentences.

1. 欢迎您来我们公司考察，一路辛苦了！

2. 这边请，会议室在二楼，我们李总在会议室等您。

3. 李总，今天终于有机会见面了！

4. 您看这样安排行吗？

5. 我这次过来行程安排得比较紧，辛苦你们了。

## 生词学习 New words

| | | |
|---|---|---|
| 跟（介） | gēn | with |
| 会议室（名） | huìyìshì | meeting room |
| 终于（副） | zhōngyú | finally |
| 根据（介） | gēnjù | according to |
| 直接（形） | zhíjiē | direct |
| 把（介） | bǎ | used when the object is the receiver of the action |

### 课文二

A：王总，这里就是我们的产品陈列室。

B：你们的产品非常多样，陈列得也非常有特色。

A：谢谢您的夸奖！我给您介绍下我们的主要产品。

B：我对你们的D系列产品很感兴趣，这款产品已经上市销售了吗？

A：已经在我们国内上市了，但是还没有在您的国家推广。

B：太好了，我希望能做这款产品在我们国家的独家代理商，你有更详细的资料吗？

A：有的，过会儿我把资料拿给您。另外，我们明天去工厂的时候，您也可以现场看一下这款产品。

B：那就太好了，我非常期待明天的行程。

### kèwén èr

A：Wáng zǒng, zhèlǐ jiù shì wǒmen de chǎnpǐn chénlièshì.

B：Nǐmen de chǎnpǐn fēicháng duōyàng, chénliè de yě fēicháng yǒu tèsè.

A：Xièxie nín de kuājiǎng! Wǒ gěi nín jièshào xià wǒmen de zhǔyào chǎnpǐn.

B：Wǒ duì nǐmen de D xìliè chǎnpǐn hěn gǎnxìngqù, zhè kuǎn chǎnpǐn yǐjīng shàngshì xiāoshòu le ma?

A：Yǐjīng zài wǒmen guónèi shàngshì le, dànshì hái méiyǒu zài nín de guójiā tuīguǎng.

B：Tài hǎo le, wǒ xīwàng néng zuò zhè kuǎn chǎnpǐn zài wǒmen guójiā de dújiā dàilǐshāng, nǐ yǒu gèng xiángxì de zīliào ma?

A：Yǒu de, guò huìr wǒ bǎ zīliào nágěi nín. Lìngwài, wǒmen míngtiān qù gōngchǎng de shíhou, nín yě kěyǐ xiànchǎng kàn yíxià zhè kuǎn chǎnpǐn.

B：Nà jiù tài hǎo le, wǒ fēicháng qīdài míngtiān de xíngchéng.

## 课内练习 Exercises

一 **分角色朗读课文。** Role-play the conversation.

二 **根据课文内容，回答问题。** Answer the following questions according to the text.

1. 他们去了哪儿？
2. 客户对什么产品感兴趣？
3. 这款产品上市销售了吗？
4. 客户想要做什么？
5. 客户觉得明天的行程怎么样？

三 **听一听，跟读句子。** Listen and read the sentences.

1. 这里就是我们的产品陈列室。
2. 我对你们的 D 系列产品很感兴趣。
3. 已经在我们国内上市了，但是还没有在您的国家推广。
4. 你有更详细的资料吗？
5. 我非常期待明天的行程。

## 生词学习 New words

| 陈列室（名） | chénlièshì | exibition room |
| 多样（形） | duōyàng | various |
| 陈列（动） | chénliè | exbit |
| 夸奖（动） | kuājiǎng | praise |

| 上市（动） | shàngshì | on sale |
| 销售（动） | xiāoshòu | sale |
| 推广（动） | tuīguǎng | promote |
| 款（量） | kuǎn | style |
| 独家（名） | dújiā | sole |
| 代理商（名） | dàilǐshāng | agent |
| 更（副） | gèng | more |
| 详细（形） | xiángxì | detailed |
| 另外（副） | lìngwài | besides |
| 现场（名） | xiànchǎng | on site |

## 语言点链接 Language points

**一 "跟"的用法 Usage of "跟" (gēn)**

"跟+……+动词"的短语中，"跟"可以用来介绍出与主语共同完成后面动词的动作的对象。

In the phrase "跟 (gēn) +……+verb", "跟" (gēn) can be used to introduce the object who completes the action of the following verb with the subject.

（1）我经常跟我的朋友一起打篮球。

（2）我明天跟经理一起出差去上海。

**二 "对……感兴趣"的用法 Usage of "对……感兴趣" (duì……gǎnxìngqù)**

在想要表达想了解某样事物，喜欢某样事物的时候，可以使用"对……感兴趣"短语。

When one wants to express interest in or liking for something, one can use the phrase "对……感兴趣" (duì……gǎnxìngqù).

（1）我对中国传统文化很感兴趣。

（2）我们对中国的移动支付很感兴趣。

**三 "把"字句的用法 Usage of "把" (bǎ)**

1.主语+把+宾语+动词+在/到/给+其他成分，表示主语通过某一个动作把宾语的位置移动到另一个地方（其他成分）。

subject+把 (bǎ)+object+verb+在 (zài)/到 (dào)/给 (gěi)+other components, indicating that the subject moves the position of the object to another place (other components) through an verb.

| 主语 | 把 | 宾语 | 动词 | 在/到/给 | 其他成分 |
|---|---|---|---|---|---|
| 请你 | 把 | 文件 | 拿 | 到 | 会议室。 |
| 请你 | 把 | 包 | 放 | 在 | 桌子上。 |
| 我 | 把 | 资料 | 拿 | 给 | 您。 |
| 我 | 把 | 产品 | 寄 | 给 | 您。 |

2. 主语+把+宾语+动词+补语，表示主语通过某一个动作使宾语发生了变化，产生了某一种结果。

subject+把 (bǎ)+object+verb+complement, which means that the subject changes the object through an verb and produces a certain result.

| 主语 | 把 | 宾语 | 动词 | 补语 |
|---|---|---|---|---|
| 他 | 把 | 电脑 | 修 | 好了。 |
| 她 | 把 | 会议室 | 准备 | 好了。 |
| 我 | 把 | 办公室 | 打扫 | 干净了。 |
| 我 | 把 | PPT | 做 | 好了。 |

（四）**情态补语的用法** Usage of modal complement

情态补语，也称状态补语，是用来描述、评价某一个已经发生或经常发生的动作或者行为所达到的状态。这个状态一般由形容词或形容词性短语来充当，并用结构助词"得"来连接前面的动词。它的常用结构如下。

Modal complement, also known as descriptive complement, is used to describe and evaluate the state of an action or behavior that has occurred or often occurs. This state is usually expressed by adjectives or adjective phrases, and the structural particle "得" is used to connect the preceding verbs. Forms are as follows.

一般形式：形容词或形容词性短语放在"得"后面，即"主语+动词+得+形容词"。

Basic form：the adjective or adjective phrases should be put after "得" (de), which is "subject+verb"+"得" (de)+adjective.

| 主语 | 谓语 | | |
| --- | --- | --- | --- |
| | 动词 | 得 | 形容词 |
| 行程 | 安排 | 得 | 很紧。 |
| 产品 | 陈列 | 得 | 非常有特色。 |
| 他的汉语 | 说 | 得 | 不太好。 |

**注意 NOTE**

一般要用"很""非常""比较""特别""不太""不"等程度副词来修饰形容词。

Generally, the degree adverbs such as "很" (hěn)、"非常" (fēicháng)、"比较" (bǐjiào)、"特别" (tèbié)、"不太" (bútài)、"不" (bu) are used to modify adjectives.

## 课后练习 Exercises

**一　看拼音写汉字。** Look at the *pinyin* and write the words.

huìyìshì　　　　cānguān　　　　xíngchéng　　　　shàngshì

（　　　　）　（　　　　）　（　　　　）　（　　　　）

xiángxì　　　　xiànchǎng　　　　xīwàng　　　　chǎnpǐn

（　　　　）　（　　　　）　（　　　　）　（　　　　）

**二　选词填空。** Choose the right words to fill in the blanks.

期待　　　上市　　　终于　　　直接　　　紧

1. 这是我们的新产品，下个月开始（　　　　）销售。

2. 今天我不回宁波了，我（　　　　）从杭州去上海。

3. 经过 1 个月的努力，我（　　　　）有了第一个客户。

4. 这次时间有点（　　　　），下次我们再详谈。

5. 十分（　　　　）我们下一次的会面。

**三　替换练习。** Substitution drill.

1. 我对中国的京剧很感兴趣。

　　我　中国的音乐

　　他　中国的汉字

　　我　中国的美食

2. <u>请你把书本放在桌子上</u>。

　　请你　资料拿给他

　　我　电脑拿给您

　　我　礼物寄给您

3. <u>我把房间打扫干净了</u>。

　　我　窗户关上了

　　他　自行车修好了

　　大风　树吹倒了

4. <u>他歌唱得很好</u>。

　　我跑　不快

　　他汉语说　很流利

　　我昨天玩　非常开心

（四）**把下面的词语整理成句子**。Rearrange the following words and phrases to make sentences.

| | | | | | |
|---|---|---|---|---|---|
| 1.终于 | 有机会 | 暑假 | 北京 | 了 | 去　玩 |
| 2.看 | 这件 | 您 | 行 | 吗 | 衣服 |
| 3.我 | 介绍 | 您 | 我们 | 的 | 给 |
| 吧 | 一下 | 公司 | | | |
| 4.请 | 资料 | 送到 | 办公室 | 吧 | 把 |
| 5.我 | 行程 | 的 | 这次 | 得 | 比较 |
| 紧 | 安排 | | | | |

（五）**听录音，判断对错**。Listen to the recording and judge whether the statements are true or false.

1.王总是第一次来公司考察。

2.王总这次来主要是看新工厂。

3.他们之前没有合作过。

4.他们打算吃完午饭就去新工厂。

5.王总这次时间安排得不太紧。

### 拓展活动 Extension activities

　　一位新客户第一次来你们公司考察，预计停留 3 天时间。请你为他安排一下这次考察的行程。

　　A new client is visiting your company for the first time and is expected to stay for 3 days. Please arrange the itinerary for his visit.

## 课前热身 Warm-up

1.有客户来工厂参观，你需要做哪些准备？

2.你会向客人介绍哪些方面的内容？

## 课文 Texts

### 课文一

A：王总，我们到了！这就是我们的生产基地。

B：工厂非常漂亮，整个厂区一共多少面积？

A：这是我们的新厂区，离我们的码头很近，地理位置很优越，整个厂区一共占地一百亩，厂房面积五万平方米。

B：现在年产量是多少？

A：我们现在的年产量可以达到两千万件，比三年前翻了一番。

B：工厂有没有通过什么认证？

A：有的，我们工厂和产品都通过了相关的认证。

B：很好，我可以去看一下你们的生产线吗？

A：当然可以，这边请。

### kèwén yī

A：Wáng zǒng, wǒmen dào le! Zhè jiù shì wǒmen de shēngchǎn jīdì.

B：Gōngchǎng fēicháng piàoliang, zhěnggè chǎngqū yígòng duōshao miànjī?

A：Zhè shì wǒmen de xīn chǎngqū, lí wǒmen de mǎtóu hěn jìn, dìlǐ wèizhì hěn yōuyuè, zhěnggè chǎngqū yígòng zhàndì yìbǎi mǔ, chǎngfáng miànjī wǔ wàn píngfāngmǐ.

B：Xiànzài nián chǎnliàng shì duōshao?

A：Wǒmen xiànzài de nián chǎnliàng kěyǐ dádào liǎngqiān wàn jiàn, bǐ sān nián qián fān le yì fān.

B：Gōngchǎng yǒu méiyǒu tōngguò shénme rènzhèng?

A：Yǒu de, wǒmen gōngchǎng hé chǎnpǐn dōu tōngguò le xiāngguān de rènzhèng.

B：Hěn hǎo, wǒ kěyǐ qù kàn yíxià nǐmen de shēngchǎn xiàn ma?

A：Dāngrán kěyǐ, zhè biān qǐng.

## 课内练习 Exercises

一 **分角色朗读课文**。Role-play the conversation.

二 **根据课文内容，回答问题**。Answer the following questions according to the text.

1. 新厂区在哪儿?

2. 新厂区的厂房多大?

3. 工厂的年产量是多少?

4. 工厂有通过认证吗?

5. 他们要去看什么?

三 **听一听，跟读句子**。Listen and read the sentences.

1. 地理位置很优越。

2. 整个厂区一共占地一百亩，厂房面积五万平方米。

3. 我们现在的年产量可以达到两千万件。

4. 我们工厂和产品都通过了相关的认证。

5. 我可以去看一下你们的生产线吗?

## 生词学习 New words

| 生产（名） | shēngchǎn | production |
|---|---|---|
| 基地（名） | jīdì | base |
| 厂区（名） | chǎngqū | plant area |
| 面积（名） | miànjī | area |
| 码头（名） | mǎtóu | port |
| 地理（名） | dìlǐ | geography |
| 位置（名） | wèizhì | location |
| 优越（形） | yōuyuè | superior |
| 占地（动） | zhàndì | cover an area of |
| 亩（量） | mǔ | mu, a unit of area |
| 厂房（名） | chǎngfáng | workshop |
| 平方米（量） | píngfāngmǐ | square meter |
| 产量（名） | chǎnliàng | turnover |
| 达到（动） | dádào | reach |
| 翻（动） | fān | turn |
| 番（量） | fān | time |
| 认证（名） | rènzhèng | certification |
| 相关（形） | xiāngguān | relevant |
| 生产线（名） | shēngchǎn xiàn | production line |

**课文二**

A：王总，这里就是我们生产D系列产品的生产车间。

B：嗯，这个生产线还很新嘛。

A：是的，我们去年引进了两条新的生产线，主要就是生产D系列的产品。

B：生产线是全自动的吗？

A：是的，百分之九十的工序都是由电脑控制的。您也知道，现在人工成本非常高，这条生产线大大降低了我们的人工成本。

B：生产能力怎么样？如果我下订单，多长时间可以交货呢？

A：生产能力也不错，一条生产线每个月可以生产五十万件。

B：非常好，我对我们的合作越来越有信心了。

**kèwén èr**

A：Wáng zǒng, zhèlǐ jiù shì wǒmen shēngchǎn D xìliè chǎnpǐn de shēngchǎn chējiān.

B：En, zhègè shēngchǎn xiàn hái hěn xīn ma.

A：Shì de, wǒmen qùnián yǐnjìn le liǎng tiáo xīn de shēngchǎn xiàn, zhǔyào jiù shì shēngchǎn D xìliè de chǎnpǐn.

B：Shēngchǎn xiàn shì quán zìdòng de ma?

A：Shì de, bǎi fēn zhī jiǔshí de gōngxù dōushì yóu diànnǎo kòngzhì de. Nín yě zhīdào, xiànzài réngōng chéngběn fēicháng gāo, zhè tiáo shēngchǎn xiàn dàdà jiàngdī le wǒmen de réngōng chéngběn.

B：Shēngchǎn nénglì zěnmeyàng? Rúguǒ wǒ xià dìngdān, duō cháng shíjiān kěyǐ jiāohuò ne?

A：Shēngchǎn nénglì yě búcuò, yì tiáo shēngchǎn xiàn měi gè yuè kěyǐ shēngchǎn wǔshí wàn jiàn.

B：Fēicháng hǎo, wǒ duì wǒmen de hézuò yuèláiyuè yǒu xìnxīn le.

##  课内练习 Exercises

一 **分角色朗读课文**。Role-play the conversation.

二 **根据课文内容，回答问题**。Answer the following questions according to the text.

1. 这个车间是生产什么产品的？

2. 去年他们引进了几条生产线？

3. 生产线是由电脑控制的吗？

4. 为什么要引进新的生产线？

5. 新的生产线的生产能力怎么样？

三 **听一听，跟读句子**。Listen and read the sentences.

1. 这里就是我们生产D系列产品的生产车间。

2. 我们去年引进了两条新的生产线。

3. 百分之九十的工序都是由电脑控制的。

4. 这条生产线大大降低了我们的人工成本。

5. 我对我们的合作越来越有信心了。

## 生词学习 New words

| | | |
|---|---|---|
| 车间（名） | chējiān | workshop |
| 引进（动） | yǐnjìn | introduce |
| 条（量） | tiáo | piece |
| 主要（形） | zhǔyào | main |
| 自动（形） | zìdòng | auto |
| 工序（名） | gōngxù | procedure |
| 由（介） | yóu | by |
| 控制（动） | kòngzhì | control |
| 人工（名） | réngōng | labour |
| 成本（名） | chéngběn | cost |
| 降低（动） | jiàngdī | decrease |
| 能力（名） | nénglì | ability |

| 下（动） | xià | place |
| 订单（名） | dìngdān | order |
| 交货（动） | jiāohuò | deliver the goods |
| 越来越 | yuèláiyuè | more and more |
| 信心（名） | xìnxīn | confidence |

# 语言点链接 Language points

**量词"番"的用法 Usage of "番" (fān)**

"番"在汉语里有着多种意思，可以做形容词也可以做量词。其中作为量词的用法，主要有以下两种。

"番" (fān) has many meanings in Chinese. It can be used as an adjective or a quantifier. When it is used as a quantifier, there are mainly two kinds of usage：

1.用来表示遍数、次数、种类数。

It can be used to express the number of times and kinds.

（1）在工作中，不能三番五次地犯同一种错误。

（2）经过一番考察，他们开始了合作。

2.用来表示倍数，常常用在动词"翻"后。

It can be used to express multiples, often after the verb "翻" (fān).

（1）今年我们的产量翻了好几番。

（2）这两年我们的收入翻了一番。

（3）今年我们公司的出口数量比去年翻了一番。

**"越来越"的用法 Usage of "越来越" (yuèláiyuè)**

"越来越"表示人或事物随着时间或程度的变化而发生变化，意思接近英文中的"more and more"。它的基本结构是：

"越来越" (yuèláiyuè) means that people or things change with the change of time or degree. The meaning is similar to "more and more". Its basic structures are：

1.越来越+形容词 "越来越" (yuèláiyuè) + adjective

（1）天气越来越热了。

（2）价格越来越高了。

> **⚠ 注意NOTE**
>
> 在"越来越+形容词"的结构中,形容词前不能再加"很""非常""太"之类的程度副词。
>
> In the structure of "越来越 (yuèláiyuè)+adjective", the adjective cannot be preceded by degree adverbs such as "很" (hěn)、"非常" (fēicháng) and "太" (tài).
>
> (1) 天气越来越很热。　×
>
> (2) 价格越来越非常高。　×

2.越来越+动词 "越来越" (yuèláiyuè) + verb

(1) 我越来越喜欢宁波了。

(2) 我越来越爱吃中国菜了。

> **⚠ 注意NOTE**
>
> 在"越来越+动词"的结构中,动词只能是"喜欢""爱""害怕""担心""紧张"之类的心理动词。
>
> In the structure of "越来越 (yuèláiyuè)+verb", only "like" "love" "fear" "worry" "tension" and other psychological verbs can be used.

### 三 形容词重叠的用法 Usage of reduplication of adjectives

形容词重叠是汉语中的一种语言现象。单音节形容词的重叠形式是AA,双音节形容词的重叠形式常为AABB。通常用来表示:

The reduplication of adjectives is a linguistic phenomenon in Chinese. The reduplication form of monosyllabic adjectives is AA, while it is often AABB for disyllabic adjectives. The reduplication of adjectives is usually used to indicate:

1.程度 degree

(1) 这条生产线大大降低了人工成本。

(2) 他高高兴兴地回国了。

2.事物的状态 the state of things

(1) 她的脸圆圆的,很可爱。

(2) 她有着长长的头发。

3.强调 stress

(1) 价格真真不能再降低了。

(2) 我们的产品实实在在都是最好的产品。

### 四 "比"字句的用法 Usage of "比" (bǐ) sentence

"比"字句是由介词"比"引导的一种比较句,用于比较人或事物。它的基本

形式是：A+ 比 +B+ 形容词/动词 +（数量补语）

"比"（bǐ）sentence is a comparative sentence introduced by the preposition "比" (bǐ), which is used to compare people or things. Its basic structure is：A+ 比 (bǐ)+B+adjective/verb+(quantitative complements).

| A | 比 | B | 形容词/动词 | （数量补语） |
|---|---|---|---|---|
| 北京的面积 | 比 | 上海（的面积） | 大。 | |
| 北京的人口 | 比 | 上海（的人口） | 少。 | |
| 今天 | 比 | 昨天 | 热 | 一点儿。 |
| 这款产品 | 比 | 那款（产品） | 便宜 | 很多/得多。 |
| 今年的产量 | 比 | 3 年前 | 翻了 | 一番。 |
| 今年的价格 | 比 | 去年 | 上涨了 | 一半。 |

> **❶ 注意 NOTE**

数量补语用来表示所比较的人或事物之间的具体差别。

Quantitative complements are used to express the specific differences between the people or things being compared.

这个结构的否定形式是：A+ 没有 +B+ 形容词/动词

The negative form is：A+ 没有 (méiyǒu)+B+adjective/verb

| A | 没有 | B | 形容词/动词 |
|---|---|---|---|
| 上海的面积 | 没有 | 北京（的面积） | 大。 |
| 北京的人口 | 没有 | 上海（的人口） | 多。 |
| 今天 | 没有 | 昨天 | 热。 |
| 这款产品 | 没有 | 那款（产品） | 便宜。 |

> **❶ 注意 NOTE**

否定形式为 "A+ 没有 +B+ 形容词" 的时候，后面一般不加数量补语。

When the negative form is "A+ 没有 (méiyǒu)+B+adjective", it is generally not followed by a quantitative complement.

## 课后练习 Exercises

**一** 看拼音写汉字。Look at the *pinyin* and write the words.

| shēngchǎn | mǎtóu | chǎnliàng | xiāngguān | yǐnjìn |
|---|---|---|---|---|
| （　　　） | （　　　） | （　　　） | （　　　） | （　　　） |

| réngōng | nénglì | jiāohuò | chéngběn | zhǔyào |
|---|---|---|---|---|
| （　　　） | （　　　） | （　　　） | （　　　） | （　　　） |

**二** 选词填空。Choose the right words to fill in the blanks.

> 降低　　主要　　达到　　信心　　由

1. 他的汉语已经（　　　　）HSK 5 级水平了。

2. 我的工作（　　　　）是接待客户。

3. 现在（　　　　）我来带着大家参观。

4. 我们的价格已经很低了，不能再（　　　　）了。

5. 别担心，我对你有（　　　　），你会通过考试的。

**三** 替换练习。Substitution drill.

1. 我觉得地铁比出租车方便。

　　今天　昨天　热

　　新设计　原来的　漂亮

　　网上购物　商场购物　便宜

2. 高铁比飞机舒服得多。

　　骑车　走路　快　得多

　　今天　昨天　热　一些

　　这里　那里　远　得多

3. 飞机没有高铁舒服。

　　走路　骑车　快

　　昨天　今天　热

　　上海　北京　远

4. 天气越来越热了。

　　工作　忙了

　　时间　少了

　　生意　好了

四 **把下面的词语整理成句子**。Rearrange the following words and phrases to make sentences.

| | | | | | |
|---|---|---|---|---|---|
| 1. 这本 | 那本 | 书 | 贵 | 比 | 一些 |
| 2. 生活 | 好 | 越来越 | 我们 | 了 | 的 |
| 3. 新厂区 | 很 | 码头 | 近 | 离 | 我们 的 |
| 4. 学校 | 占地 | 一共 | 亩 | 八百 | 我们 |
| 5. 全部 | 都 | 的 | 工序 | 电脑 | 由 |
| 是 | 的 | 控制 | | | |

五 **听录音，判断对错**。Listen to the recording and judge whether the statements are true or false.

1. 工厂的厂房面积有 10 万平方米。

2. 工厂里没有员工宿舍。

3. 他们现在有 3 条生产线。

4. 工厂今年的产量没有去年高。

5. 工厂的生产线都是全自动的。

## 拓展活动 Extension activities

一位新客户第一次来你们工厂考察，请你为他们介绍一些你们工厂的情况。比如：工厂的位置，工厂的生产情况，工厂的产品等。

A new customer is visiting your factory for the first time. Please introduce something about your factory. For example, the location of the factory, the production of the factory, the products of the factory, etc.

## 商务小贴士 Business tips

**客户关系管理[1]**

客户关系管理是经济高速发展到一定程度之后形成的，其主要内容是调查

---

1 参见：施文婷. 电子商务时代客户关系管理的重要性研究. 全国流通经济，2021（33）：21–23.

和跟踪客户需要，然后宣传产品、跟踪客户的产品使用反馈情况。在当前经济形势下，只有做好客户关系处理，才可以确保企业稳定发展。在各个企业中，其竞争则是产品之间的竞争为主，然而本质确是客户竞争，利用有效的管理技术和信息技术能够保障客户的高效维护和管理，同时

设置维护客户的具体对策，加强客户关系管理。另外，做好客户关系管理工作也能够确保企业和客户的高效沟通，掌握客户的需求和信息反馈，获得其对产品的意见和信息，掌握客户实际的需求，才能够按照客户的意愿进行企业产品设计，同时不断优化企业的发展策略和方向。在管理客户关系工作中，也需要深入挖掘市场，做好精准的信息分析，才可以保证消费群体的有效维护。

做好客户关系管理要做到：

（1）建立客户档案

企业在客户关系管理过程中，最为首要的一步就是客户的相关信息的获取、储存，只有形成了客户档案，才能够记录好客户的相关信息和需求，掌握其消费情况和动态变化。

（2）参与性服务对策

在客户关系管理中，参与性服务主要是促进企业客户的参与，同时获得多种产品的体验，从而能够不断提高客户的参与积极性，让企业能够根据客户的偏好和兴趣设计产品，保证产品的个性化。

（3）保证追踪服务

在市场经济快速发展的背景下，企业竞争压力不断加大，这也给售后服务的水平带来了更多的挑战，只有确保售后服务质量，才可以真正留住客户，获得回头客。因此，企业要对消费者的需要进行综合考虑，同时让消费者能够感觉到温暖，有种被重视的感觉，这样才能够推动企业主动参加到市场竞争中，促进自身经济效益的提高。

（4）加强与管理部门交流

只有做好客户关系管理工作，才能够和客户之间形成良性的稳定的关系，给企业的发展节约大量的时间以及成本，不断提高用户的忠诚度，提高消费者满意度，让消费者感受到关怀。

（5）完善客户评价管理体系

企业可以在信息技术的辅助下，给客户带来专业的客户评价平台，掌握客户的诉求，获得其个性化的多样化的要求，不断提高客户的满意度，从而给其进行优质产品和服务的定制，不断优化电子商务技术产物，保障客户关系管理能力的提高，从而促进电子商务的快速发展。

### Customer Relationship Management

Customer relationship management is formed after the economy develops to a certain extent. Its main content includes investigating and tracking customer needs, promoting products, and monitoring customer feedback on product usage. In the current economic situation, only by managing customer relationships well can a company ensure stable development. In various enterprises, competition mainly revolves around product competition, but in essence, it is customer competition. Utilizing effective management techniques and information technology can guarantee efficient maintenance and management of customers, while implementing specific strategies to maintain customer relationships. Additionally, effectively managing customer relationships can ensure efficient communication between the company and customers, understand customer needs and feedback information, obtain their opinions on products, and grasp their actual needs. Only by designing products according to customer preferences can a company continuously optimize its development strategies and directions. In managing customer relationships, it is also necessary to deeply explore the market and conduct precise information analysis to ensure effective maintenance of consumer groups.

Here are some tips for effective customer relationship management.

(1) Establishing customer profiles

In the process of customer relationship management, the most crucial step is to acquire and store relevant information about customers. Only by creating customer profiles can the company effectively record customers' information and needs, and understand their consumption patterns and dynamics.

(2) Strategies for engaging services

In customer relationship management, engaging services primarily focus on encouraging customer participation in order to experience a variety of products. This helps to continually enhance customer engagement and allows companies to design products based on customer preferences and interests, ensuring product personalization.

(3) Ensuring tracking services

With the rapid development of the market economy, the competition pressure on businesses continues to increase, posing more challenges to the level of after-sales service. Only by ensuring the quality of after-sales service can companies truly retain customers and gain repeat business. Therefore, companies need to comprehensively consider consumer needs and make consumers feel valued and appreciated in order to actively participate in market competition and promote the improvement of their own economic performance.

(4) Strengthening communication with management departments

Only by effectively managing customer relationships can businesses establish stable and positive relationships with their customers, save a significant amount of time and cost for the development of the enterprise, continuously improve customer loyalty, increase consumer satisfaction, and make consumers feel cared for.

(5) Improving customer evaluation management system

With the assistance of information technology, businesses can provide customers with professional customer evaluation platforms to understand their needs and personalized diverse requirements. Continuously enhancing customer satisfaction allows for tailored high-quality products and services, optimizing e-commerce technologies, ensuring the improvement of customer relationship management capabilities, and promoting the rapid development of e-commerce.

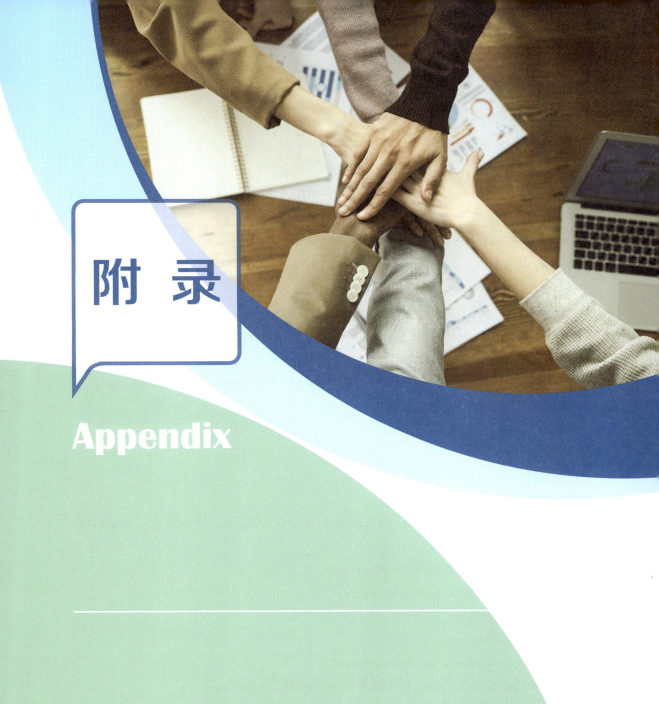

附 录

**Appendix**

课文翻译

## 第一单元　商务交流

### 第一课　很高兴认识你

**Text one**

A: Hello!

B: Hello!

A: My name is Simon, and my Chinese name is Zhang Senmeng. May I have your name?

B: My surname is Wang, and my full name is Wang Jia.

A: I am a college student. I am an intern in a foreign trade company. What about you?

B: I work in a logistics company.

A: Nice to meet you.

B: Nice to meet you, too.

**Text two**

A: Hello! May I have your name?

B: Hello! My surname is Wang, and my full name is Wang Jia. What is your honorable surname?

A: My surname is Li. This is my business card.

B: Thank you, and this is my business card.

A: Hello Manager Wang, I have heard a lot about you.

B: You are flattering me.

A: Do you also work in a logistics company?

B: Yes. We can work together, if there is an opportunity in the future.

### 第二课　期待下次见面

**Text one**

A: Thank you very much for your hospitality!

B: You are welcome!

A: I'm very happy today. We think Chinese food is very delicious.

B: You are welcome. We have also prepared some small gifts.

A: Really? Thank you.

B: The gifts are traditional Chinese paintings and circular fans, which are very commemorative. I hope you like them.

A: Thank you, we are looking forward to seeing you next time!

B: We are looking forward to it, too. Goodbye!

A: Goodbye!

## Text two

A: Nice to meet you! Our meeting is quite wonderful!

B: Thank you. I hope our cooperation will go smoothly.

A: Welcome to visit our company next time.

B: OK, what time is your flight?

A: Around 2 pm.

B: We will send you to the airport.

A: Thank you. Thank you very much for your warm reception!

B: You're welcome! Wish you a safe journey!

## 第三课　我找王经理

## Text one

A: Hello! Tongda Foreign Trade Company.

B: Hello! I'm looking for Manager Wang.

A: Who is calling, please?

B: I'm Manager Li of Dongri Company.

A: What can I do for you?

B: I need to discuss the details of the contract with Manager Wang.

A: OK, just a moment, please. I'll transfer you to his assistant.

B: OK, thank you.

## Text two

A: Hello! The office of Manager Wang's assistant.

B: Hello! I'm Manager Li of Dongri Company. I'm looking for Manager Wang.

A: Sorry, he is not in the office. He is in a meeting.

B: But I have a thing to discuss with Manager Wang.

A: Can I take a message for you?

B: I'd like to talk with him directly. Would you please ask him to call me back?

A: Just a moment. I will note it down. May I have your telephone number, please?

B: My number is 12345678900. Thank you.

A: You're welcome.

# 第二单元　商务出行

## 第四课　我想订一张机票

**Text one**

A: Hello, China Eastern Airlines. What can I help you?

B: I want to book a ticket to Shanghai next week.

A: What time do you leave?

B: August 17th, next Wednesday.

A: Do you want a flight in the morning or afternoon?

B: In the morning.

A: Please wait a moment. I'm sorry, the flight tickets that take off in the morning are all booked out. Can I book you the 3:00 pm flight?

B: OK.

**Text two**

A: Hello, China Eastern Airlines. What can I help you?

B: I want to book a ticket to Urumqi next Wednesday.

A: OK. Would you like to book a direct flight or a transfer?

B: Direct flight.

A: Do you want to book first class or economy class?

B: I want to book a first-class ticket, how much is it?

A: The one-way trip is 1,050 *yuan*. Do you need to book a return trip?

B: No, thank you.

## 第五课　我想预订一个房间

**Text one**

A: Hello, is this Baiyun Hotel? I would like to book a single room.

B: What time do you check in?

A: Check in on September 10th and check out on the 12th.

B: Wait a minute, I'll check if there are still rooms. There is one more room, 480 *yuan*.

A: Does it include breakfast?

B: Breakfast is included, and the breakfast time is from 7:00 to 9:00.

A: OK, book a room for me.

B: Please confirm. From September 10th to 12th, a single room.

A: That's right.

**Text two**

A: Hello, I made a reservation for these two foreign guests last week. Please check.

B: Are you Mr. Li from Dongri Company?

A: Yes, my name is Li Wen.

B: You booked today, a standard room, a suite.

A: Yes. The guests have changed the itinerary at short notice and I need to cancel the reservation.

B: Cancellations must be made up to one day in advance, and 10% of your room rate will be deducted if you cancel on the same day.

A: Yes, you can deduct it from the deposit.

B: Okay, the rest of the money will be returned to the bank card. Please pay attention to the check.

## 第六课　谈谈日程安排

**Text one**

A: How about we talk about the schedule together?

B: There are a lot of things to do in China this time, so we must plan carefully.

A: We plan to stay in China for a week, do you think there is enough time?

B: If the activities are arranged a little tighter, it should be fine.

A: We are going to Shanghai to see the exhibition, and to Ningbo to visit the factory.

B: I heard that Ningbo snacks are very good. If time is permitted, I will invite you to have midnight snack.

A: You are too kind!

### Text two

A: Manager, I would like to arrange the schedule this time: the first five days are in Shanghai, and the next two days are in Ningbo.

B: Isn't it too short to stay in Ningbo for only two days? I heard that several product companies in Ningbo are very good, and I hope to have the opportunity to visit them.

A: If so, we can change the plan to four days in Shanghai and three days in Ningbo. Is it OK?

B: I think this is more appropriate. How are the activities in Ningbo arranged?

A: In Ningbo, we not only have to negotiate business, but also visit several factories.

B: It's a good arrangement, you've been bothered.

# 第三单元　商务接待

## 第七课　谢谢你来接我

### Text one

A: Hello, Mr. David. Nice to meet you.

B: Hello! Thank you for picking me up!

A: You're welcome, you must be tired from the trip. Our car is in the underground garage.

B: OK. How long does it take to get to the company from here?

A: It is now the rush hour, and it is expected to be more than an hour.

B: Okay, let's take it easy, safety first.

### Text two

A: Time flies.

B: Yes, I feel the same way.

A: It's really nice to have such a face-to-face communication with you.

B: That's right, I hope next time I will visit you in your city!

A: Warmly welcome, my old friend.

B: Safe journey. Keep in touch!

## 第八课　我办理了酒店入住

**Text one**

A: Good evening, sir.

B: Hello, I have a reservation. My name is Zhang Senmeng. Here is my passport.

A: OK, please wait a moment. Yes, you have a king size bed room, right?

B: Yes.

A: Yes, room 721. Here is your room card. Have a nice stay.

B: Thank you.

**Text two**

A: Hello, I left my key in my room. Now I can't get into the room.

B: Just a moment, please. What's your room number?

A: 721.

B: OK, we'll send someone to deal with it right away.

A: Also, the desk lamp in the room is broken and needs to be repaired.

B: No problem. Is there anything else that needs service?

A: No more. Thank you!

## 第九课　我要预订餐位

**Text one**

A: Hello, this is Ningbo Hotel. Can I help you?

B: Hello, I'd like to make a reservation.

A: Hello, sir. May I have your name, please?

B: You can call me Li.

A: When would you like to reserve a table, Mr. Li?

B: At 6:00 this Friday evening, there are 10 people, preferably in the box.

A: OK, Mr. Li, do you have any other requirements?

B: No, thank you.

**Text two**

A: On behalf of our company, I would like to thank Mr. David for his presence.

B: You are welcome, Mr. Li!

A: Today's food is our specialty here. I hope you like it.

B: Thank you, Mr. Li. You are very kind! This looks nice!

A: I hope we can cooperate happily, Mr. David.

B: Of course, happy cooperation and friendship!

# 第四单元　办公日常

## 第十课　欢迎你加入我们公司

**Text one**

A: Manager Wang, this is our new colleague Zhang Senmeng. Senmeng, this is Manager Wang.

B: Welcome to our company.

C: Thank you, Manager Wang. It is so glad to meet you here.

A: Manager Wang has rich working experience. If you have any questions, you can ask him.

C: Great! I'm a beginner. Please give me more advice.

B: Don't mention it. We are all colleagues. We learn from each other.

B: Let me familiarise you with the environment.

**Text two**

A: This is our punch machine. You should remember to check in and out of work every day.

B: What is our working time?

A: Punch in before 8:30 every morning and sign out after 17:30. The lunch break is from 11:30 to 13:30. It is rush hour now, there will be traffic jams.

B: OK, I'll leave early and I'll be on time for work.

A: We often go out for coffee during lunch break. Doing exercises may help to your work efficiency.

B: Let's go together later.

## 第十一课　办公室的打印机坏了

**Text one**

A: Do you know how to use this printer?

B: This new printer is a bit complicated. Why don't you use the printer in the office?

A: The office printer isn't working.

B: Oh. I just learned how to use it yesterday.

A: Please teach me how to use it.

B: First, input your job number and then follow the instructions step by step.

A: OK, I'll have a try.

## Text two

A: The printer in our office is broken again.

B: What's wrong? Is the ink cartridge out or paper jammed?

A: I don't know.

B: Please contact our colleagues in the Information Resource Center.

A: I called them. They'll be here this afternoon.

B: I hope they can fix it.

## 第十二课　今天的会议准备得怎么样

### Text one

A: Do you know there will be a meeting this afternoon?

B: Every Tuesday afternoon is our company's regular meeting time.

A: What time does it start?

B: Two to four in the afternoon.

A: What is the content of the regular meeting?

B: Generally summarize the work of last week and arrange the work tasks of this week. The agenda of the meeting is usually emailed to everyone one day in advance.

A: Thank you. Let me check my email.

### Text two

A: How are the preparations for today's meeting?

B: Notice of the meeting has been sent out.

A: We have a video conference today. Have all the equipment been debugged?

B: All have been debugged.

(During the meeting)

A: Hello, everyone. How is the sound of the meeting?

B: The sound lags a little.

A: It may be a network problem. You can reconnect once.

B: OK, no problem.

# 第五单元　商务活动

## 第十三课　我要去面试

**Text one**

A: Hello, please have a seat. Could you introduce yourself first?

B: Hello! My name is Wang Jia. I graduated from Ningbo University and my major is international trade. I hope to apply for the position of foreign trade assistant in your company.

A: Why do you apply for the position in our company?

B: As far as I know, your company is a famous foreign trade company in Ningbo, and my major qualifies me for the job.

A: Have you got any work experience?

B: I have never worked, but I have strong learning ability and I have overseas background. I can speak English, French and Chinese.

A: OK. If you have no other questions, we will finish our interview. You will be informed of our final decision by phone within 7 days.

B: OK, thank you!

**Text two**

A: Hello, is this Wang Jia? I am from the Human Resources Department of Dongri Company.

B: Hello!

A: We are pleased to inform you that after a thorough consideration, we have decided to employ you as our foreign trade assistant.

B: Thank you so much.

A: Please check in at our company at 9:00 am next Tuesday (September 12). Is there any problem with this time?

B: Yes, no problem. In addition to my ID card, what other materials do I need to carry?

A: Please bring your ID card, original diploma and two 2-inch photos to the Human Resources Department for registration.

B: OK, no problem. Look forward to seeing you next Tuesday.

## 第十四课　客户来访

**Text one**

A: Hello, Mr. Wang! Welcome to visit our company. It's been a hard journey! I'm the assistant manager of the Foreign Trade Department. My name is Zhang Senmeng.

B: Hello, Senmeng. Nice to meet you.

A: This way, please. The meeting room is on the second floor. Manager Li is waiting for you in the meeting room.

B: (Meeting room) Manager Li, we finally have a chance to meet today!

C: Manager Wang, I've heard so much about you! It's hard on the way! Senmeng, please introduce your schedule to Manager Li.

A: Manager Li, I have arranged your schedule according to your time. This afternoon, we will visit our company. Tomorrow morning, we will go to the factory to have a look. Tomorrow afternoon, we will come back from the factory and send you directly to the airport. Do you think this arrangement is OK?

B: Yes, I have a tight schedule this time. It's hard for you.

A: This is what we should do. Now let's visit the company.

**Text two**

A: Manager Wang, this is our product showroom.

B: Your products are very diverse, and the display is very distinctive.

A: Thank you for your praise! Let me introduce our main products to you.

B: I'm very interested in your products of D series. Has this product been on the market yet?

A: It has been listed in our domestic market, but has not been promoted in your country.

B: Great, I hope to be the exclusive agent of this product in our country. Do you have more detailed information?

A: Yes, I'll bring you the information sheets later. In addition, when we go to the factory tomorrow, you can also have a look at this product on the spot.

B: That's great. I'm looking forward to tomorrow's trip.

# 第十五课　这是我们的生产线

## Text one

A: Manager Wang, here we are! This is our production base.

B: The factory is very beautiful. How much area is the whole factory?

A: This is our new factory, which is very close to the port and has an excellent geographical location. The whole factory covers an area of 100 mu and the factory covers an area of 50,000 square meters.

B: What is the annual output now?

A: Our annual output can now reach 20 million pieces, double that of three years ago.

B: Does the factory pass any certification?

A: Yes, our factory and products have passed the relevant certification.

B: Very good. May I have a look at your production line?

A: Certainly. This way, please.

## Text two

A: Manager Wang, this is our workshop for D series.

B: Well, this production line is very new.

A: Yes, we introduced two new production lines last year, mainly for D series.

B: Is the production line fully automatic?

A: Yes, 90% of the processes are controlled by computers. As you know, the labor cost is very high now, and this production line has greatly reduced our labor cost.

B: How about the production capacity? If I place an order, how long will it take to deliver?

A: The production capacity is also good. One production line can produce 500,000 pieces every month.

B: Very good. I feel more and more confident in our cooperation.

# 课后练习答案

## 第一单元　商务交流

### 第一课　很高兴认识你

**一、看拼音写汉字。Look at the *pinyin* and write the words.**

| jiǔyǎngdàmíng | jīhuì | shíxí | wùliú | gāoxìng |
|---|---|---|---|---|
| （久仰大名） | （机会） | （实习） | （物流） | （高兴） |

| dàxuéshēng | gōngsī | gōngzuò | rènshi | wǒmen |
|---|---|---|---|---|
| （大学生） | （公司） | （工作） | （认识） | （我们） |

**二、选词填空。Choose the right words to fill in the blanks.**

1. 希望我们可以（合作）愉快！

2. 我们（一起）去公司吧。

3. 他是（大学生）。

4. 我是美国人，你（呢）？

5. 这是我（的）老师。

**三、对话配对。Match the sentences.**

1-D　2-A　3-B　4-C　5-E

**四、把下面的词语整理成句子。Rearrange the following words and phrases to make sentences.**

1. 请问您怎么称呼？

2. 请问您贵姓？

3. 这是我的名片。

4. 我在物流公司工作。

5. 您客气了。

**五、听录音，判断对错。Listen to the recording and judge whether the statements are true or false.**

1. F　2. T　3. T　4. F　5. T

## 第二课　期待下次见面

**一、看拼音写汉字。Look at the *pinyin* and write the words.**

| yīlùpíng'ān | shùnlì | fēicháng | kǎochá | xǐhuān |
|---|---|---|---|---|
| （一路平安） | （顺利） | （非常） | （考察） | （喜欢） |

| juéde | xiàwǔ | yúkuài | jiāoliú | gǎnxiè |
|---|---|---|---|---|
| （觉得） | （下午） | （愉快） | （交流） | （感谢） |

**二、选词填空。Choose the right words to fill in the blanks.**

1. 我们对你们的到来非常（欢迎）。

2. 当地人很（热情）。

3. 这架（飞机）很大。

4. 每个人都（希望）自己可以实现梦想。

5. 他对我们的（招待）很满意。

**三、对话配对。Match the sentences.**

1-C　2-B　3-E　4-A　5-D

**四、把下面的词语整理成句子。Rearrange the following words and phrases to make sentences.**

1. 我们的交流很愉快。

2. 他们都很喜欢这些中国菜。

3. 他看见了一些人。/一些人看见了他。

4 现在是上午十点三十分。

5. 他们还学习汉语了。/他们还学习了汉语。

**五、听录音，判断对错。Listen to the recording and judge whether the statements are true or false.**

1. F　2. F　3. F　4. F　5. T

## 第三课　我找王经理

**一、看拼音写汉字。Look at the *pinyin* and write the words.**

| bùhǎoyìsi | máfán | kěshì | shāoděng | xūyào |
|---|---|---|---|---|
| （不好意思） | （麻烦） | （可是） | （稍等） | （需要） |

| bàngōngshì | gōutōng | kāihuì | shāngliang | zhùlǐ |
|---|---|---|---|---|
| （办公室） | （沟通） | （开会） | （商量） | （助理） |

二、选词填空。**Choose the right words to fill in the blanks.**

1.需要我帮你（转达）吗？

2.你的（办公室）在哪里？

3.请（稍等）一下，我帮您登记。

4.我觉得你最好和他（沟通）一下。

5.我觉得你（最好）打一个电话。

三、对话配对。**Match the sentences.**

1-C　2-A　3-E　4-B　5-D

四、把下面的词语整理成句子。**Rearrange the following words and phrases to make sentences.**

1. 我在看电视呢。

2. 请您稍等一下。

3. 今天需要开会吗？

4. 他没在休息。

5. 我不能玩游戏。

五、听录音，判断对错。**Listen to the recording and judge whether the statements are true or false.**

1. F　2. T　3. F　4. T　5. F

## 第二单元　商务出行

### 第四课　我想订一张机票

一、看拼音写汉字。**Look at the *pinyin* and write the words.**

| jīpiào | chūfā | huíchéng | bàoqiàn |
|---|---|---|---|
| （机票） | （出发） | （回程） | （抱歉） |

| hángbān | dìng | zhōngzhuǎn | xūyào |
|---|---|---|---|
| （航班） | （订） | （中转） | （需要） |

二、选词填空。**Choose the right words to fill in the blanks.**

1.我（帮）您查一下。

2.我下周三去北京出差，帮我（订）张机票。

3.从宁波飞到上海（需要）多长时间？

4.不好意思，没有直飞的了，只有一趟在上海（中转）的航班。

5.（下）个月我有一个重要的会议。

**三、替换练习。Substitution drill.**

略

**四、把下面的词语整理成句子。Rearrange the following words and phrases to make sentences.**

1. 我想订一张机票。

2. 你什么时候出发？

3. 票都卖完了。

4. 你喝咖啡还是茶？/你喝茶还是咖啡？

5. 这个不是我的手机。/这个手机不是我的。

**五、按照下面的要求，用"还是"句型提问。Follow the instructions below to ask questions by using "háishi".**

1. 你想去上海还是北京？

2. 你想要单人间还是双人间？

3. 你用微信还是支付宝支付？

4. 你喜欢吃甜的还是咸的？

**六、听录音，判断对错。Listen to the recording and judge whether the statements are true or false.**

1. T    2. F    3. F    4. T    5. T

## 第五课　我想预订一个单人间

**一、看拼音写汉字。Look at the *pinyin* and write the words.**

| jiǔdiàn | yùdìng | rùzhù | quèrèn |
|---|---|---|---|
| （酒店） | （预订） | （入住） | （确认） |

| kèrén | gōngsī | tíqián | yājīn |
|---|---|---|---|
| （客人） | （公司） | （提前） | （押金） |

**二、选词填空。Choose the right words to fill in the blanks.**

1. 请稍等，我帮您(查)一下。

2. （房间）里的空调坏了，可以来修一下吗？

3. 请你（为）我们换一些人民币。

7. 我的行程有变，我需要（取消）预订机票。

8.我打算 3 号（入住），7 号退房。

### 三、替换练习。Substitution drill.

略

### 四、填空组词。Fill in the blanks.

（1）话费　水费　电费

（2）银行卡　信用卡　会员卡

（3）房间　单人间　双人间

（4）休息一下　看一下　玩一下

### 五、把下面的词语整理成句子。Rearrange the following words and phrases to make sentences.

1.我想预订一个房间。

2.你帮我查查吧。

3.请问您什么时间入住？

4.晚餐时间从 6 点到 8 点半。

5.我要看一下护照。

### 六、听录音，判断对错。Listen to the recording and judge whether the statements are true or false.

1. F　2. T　3. F　4. T　5. T

## 第六课　谈谈日程安排

### 一、看拼音写汉字。Look at the *pinyin* and write the words.

| rìchéng | ānpái | jìhuà | rúguǒ |
|---|---|---|---|
| （日程） | （安排） | （计划） | （如果） |

| cānguān | tīngshuō | gōngchǎng | xiǎochī |
|---|---|---|---|
| （参观） | （听说） | （工厂） | （小吃） |

### 二、选词填空。Choose the right words to fill in the blanks.

1.我的飞机延误了，请帮我把会议（改）到下午。

2.这家（公司）总部在北京。

3.下个月去广州分公司考察的（日程）定了吗？

4.你负责带他们去咱们的产品中心（参观）一下。

5.汤圆是宁波的特色（小吃）。

三、替换练习。Substitution drill.

略

四、把下面的词语整理成句子。Rearrange the following words and phrases to make sentences.

1.老板打算去北京出差。

2.明天你是不是休息？／你明天是不是休息？

3.这是一家新公司。

4.后面几天你怎么安排？

5.有机会以后去中国旅游。／以后有机会去中国旅游。

五、听录音，判断对错。Listen to the recording and judge whether the statements are true or false.

1. F　2. T　3. T　4. T　5. T

# 第三单元　商务接待

## 第七课　谢谢你来接我

一、看拼音写汉字。Look at the *pinyin* and write the words.

| shíjiān | bùmén | jīnglǐ | jiāoliú | xīnkǔ |
|---|---|---|---|---|
| （时间） | （部门） | （经理） | （交流） | （辛苦） |

| xīwàng | chéngshì | bàifǎng | ānquán | liánxì |
|---|---|---|---|---|
| （希望） | （城市） | （拜访） | （安全） | （联系） |

二、选词填空。Choose the right words to fill in the blanks.

1.老人常说，吃（得）好，长（得）高。

2.没错，他（就）是我的中国老朋友。

3.我们已经五个（多）月没见了。

4.从这里到公司有多远（啊）？

5.咱们一块儿走（吧）。

三、词语配对。Match the words.

1-D　2-A　3-E　4-C　5-B

四、把下面的词语整理成句子。Rearrange the following words and phrases to make sentences.

1.从这里到您的城市要多久？／从您的城市到这里要多久？

2. 下次我们一起去旅游。

3. 我们的车在地下车库吗？

4. 认识您真的很高兴。/真的很高兴认识您。

五、听录音，判断对错。**Listen to the recording and judge whether the statements are true or false.**

1. F　2. F　3. T

## 第八课　我办理了酒店入住

一、看拼音写汉字。**Look at the *pinyin* and write the words.**

hùzhào　　　　fángjiān　　　　táidēng　　　　fúwù　　　　wéixiū
（护照）　　　（房间）　　　（台灯）　　　（服务）　　　（维修）

chùlǐ　　　　mǎshàng　　　　wèntí　　　　yàoshi　　　　qítā
（处理）　　　（马上）　　　（问题）　　　（钥匙）　　　（其他）

二、选词填空。**Choose the right words to fill in the blanks.**

1. 天气这么冷（了），你不多穿点儿啊？

2. 这个电影感动（不了）我。

3. （还有）一个月，我们即将推出新产品。

4. 公司（派）我到宁波出差。

5. 等我们一下啊，我们（马上）下楼。

三、词语配对。**Match the words.**

略

四、把下面的词语整理成句子。**Rearrange the following words and phrases to make sentences.**

1. 护照落在了我的房间。

2. 你什么时候准备入住？

3. 他们的房卡坏了。

4. 我们派人去维修。

五、听录音，判断对错。**Listen to the recording and judge whether the statements are true or false.**

1. F　2. T　3. F

## 第九课　我要预订餐位

**一、看拼音写汉字。Look at the *pinyin* and write the words.**

| xiānsheng | dàibiǎo | dàjiàguānglín | bāoxiāng | zuìhǎo |
|---|---|---|---|---|
| （先生） | （代表） | （大驾光临） | （包厢） | （最好） |

| cānwèi | yǒuxīn | cháng | hézuò | tèsè |
|---|---|---|---|---|
| （餐位） | （有心） | （常） | （合作） | （特色） |

**二、词语配对。Match the words.**

1-D　2-E　3-B　4-A　5-C

**三、改正以下句子。Correct the following sentences.**

1.请问贵姓?

2.本周五晚上，10个人，最好是包厢。

3.真是，你开会怎么老迟到啊?

4.这看起来很好吃。

**四、把下面的词语整理成句子。Rearrange the following words and phrases to make sentences.**

1.我想预订今天晚上的餐位。

2.您喜欢今天的饭菜吗?

3 这个菜看起来很好吃。

4.请问您需要别的帮助吗?

**五、听录音，判断对错。Listen to the recording and judge whether the statements are true or false.**

1. F　2. T　3. F

## 第四单元　办公日常

## 第十课　欢迎你加入我们公司

**一、看拼音写汉字。Look at the *pinyin* and write the words.**

| huānyíng | fēngfù | hùxiāng | huánjìng |
|---|---|---|---|
| （欢迎） | （丰富） | （互相） | （环境） |

| jìde | kěndìng | dǔchē | tígāo |
|---|---|---|---|
| （记得） | （肯定） | （堵车） | （提高） |

二、选词填空。Choose the right words to fill in the blanks.

1. 今天学校的菜很（丰富）。

2. 明天早上要考试，我要早（一点儿）去学校。

3. 他怎么还没来？（一定）是起床晚了。

4. 欢迎你（加入）我们团队。

5. 不好意思，我刚来中国，你说得（太）快了，我听不懂。

三、替换练习。Substitution drill.

略

四、把下面的词语整理成句子。Rearrange the following words and phrases to make sentences.

1. 王经理工作经验很丰富。

2. 他一定会准时上班。

3. 活动活动身体能提高效率。

4. 大家记得早点儿上班。

5. 吃饭的时候不要大声说话。

五、听录音，判断对错。Listen to the recording and judge whether the statements are true or false.

1. F　2. T　3. F　4. F　5. F

## 第十一课　办公室的打印机坏了

一、看拼音写汉字。Look at the *pinyin* and write the words.

| fùzá | ránhòu | tíshì | gāng |
|---|---|---|---|
| （复杂） | （然后） | （提示） | （刚） |

| xìnxī | liánxì | xīwàng | xiū |
|---|---|---|---|
| （信息） | （联系） | （希望） | （修） |

二、选词填空。Choose the right words to fill in the blanks.

1. 加班太累了，我去喝（一点儿）咖啡。

2. 这份PPT的文字（有点儿）多。

3. 茶水间的地上（有点儿）水，我去拖一下。

4. 这件衣服大了（一点儿），可以给我小一号的吗？

5. 经理今天（有点儿）不高兴。

1. 我想了（又）想，文件一定不是我提交的。

2. 可以请你（再）说一遍吗？

3. 昨天的会议讨论还没结束，今天（再）开一次。

4. 这次的培训太累了，我（再）也不想参加了。

5. 今天（又）下雨了。

**三、替换练习。Substitution drill.**

略

**四、把下面的词语整理成句子。Rearrange the following words and phrases to make sentences.**

1. 这台扫描仪有点儿复杂。

2. 请输入你的学号。

3. 爸爸知道怎么用电视机。

4. 希望他们能来。

5. 打印机卡纸了还是没墨了？/打印机没墨了还是卡纸了？

**五、听录音，判断对错。Listen to the recording and judge whether the statements are true or false.**

1. F  2. F  3. T  4. T  5. T

## 第十二课　今天的会议准备得怎么样

**一、看拼音写汉字。Look at the *pinyin* and write the words.**

| lìhuì | nèiróng | ānpái | yóujiàn |
|---|---|---|---|
| （例会） | （内容） | （安排） | （邮件） |

| zhǔnbèi | yǐjīng | shēngyīn | wǎngluò |
|---|---|---|---|
| （准备） | （已经） | （声音） | （网络） |

**二、选词填空。Choose the right words to fill in the blanks.**

1. 今天的（会议）从几点开始？

2. 下周的会议是视频会议还是电话会议（呢）？

3. 你认识新来的经理（吗）？

4. 今天开会前需要把材料都（准备）好。

5. 发生什么事情了？我刚才看到小李跑（出去）了。

三、替换练习。Substitution drill.

略

四、把下面的词语整理成句子。Rearrange the following words and phrases to make sentences.

1.公司每个星期五开例会。

2.她从楼上走下来。

3.请查一下你的邮件。

4.已经调试了会议的设备。

5.你可以重新连接一次。

五、听录音，判断对错。Listen to the recording and judge whether the statements are true or false.

1.F　2.T　3.F　4.T　5.T

# 第五单元　商务活动

## 第十三课　我要去面试

一、看拼音写汉字。Look at the *pinyin* and write the words.

| dànshì | bèijǐng | yìngpìn | bàodào |
|---|---|---|---|
| （但是） | （背景） | （应聘） | （报到） |

| xuélì | zhèngshū | hǎiwài | yāoqiú |
|---|---|---|---|
| （学历） | （证书） | （海外） | （要求） |

二、选词填空。Choose the right words to fill in the blanks.

1.我明天不能去，我要去学校（报到）。

2.他的设计非常（符合）客户的要求。

3.（经过）我的努力，我的成绩提高了不少。

4.今天虽然有太阳，（但是）还是有点冷。

5.面试的（结果）要一周后才知道。

三、替换练习。Substitution drill.

略

四、把下面的词语整理成句子。Rearrange the following words and phrases to make sentences.

1.请您先自我介绍一下。

2.面试结果我们会在三天内通知你。

3.我没有去过上海。

4.我们决定录用你为我司员工。

5.如果你有时间就帮我取一下快递。

**五、改写句子。Rephrase sentences.**

1.你去过北京没有？

我没（有）去过北京。

2.你在微软工作过没有？

我没（有）在微软工作过。

3.你们去上海迪士尼玩过没有？

我们没（有）去上海迪士尼玩过。

4.你在中国坐过高铁没有？

我没（有）在中国坐过高铁。

5.他参加过阿里巴巴公司的面试没有？

他没（有）参加过阿里巴巴公司的面试。

**六、听录音，判断对错。Listen to the recording and judge whether the statements are true or false.**

1.F  2.T  3.F  4.T  5.T

## 第十四课  客户来访

**一、看拼音写汉字。Look at the *pinyin* and write the words.**

| huìyìshì | cānguān | xíngchéng | shàngshì |
|---|---|---|---|
| （会议室） | （参观） | （行程） | （上市） |
| xiángxì | xiànchǎng | xīwàng | chǎnpǐn |
| （详细） | （现场） | （希望） | （产品） |

**二、选词填空。Choose the right words to fill in the blanks.**

1.这是我们的新产品，下个月开始（上市）销售。

2.今天我不回宁波了，我（直接）从杭州去上海。

3.经过1个月的努力，我（终于）有了第一个客户。

4.这次时间有点（紧），下次我们再详谈。

5.十分（期待）我们下一次的会面。

三、替换练习。Substitution drill.

略

四、把下面的词语整理成句子。Rearrange the following words and phrases to make sentences.

1.暑假终于有机会去北京玩了。

2.您看这件衣服行吗？

3.我给您介绍一下我们的公司吧。

4.请把资料送到办公室吧。

5.我这次的行程安排得比较紧。

五、听录音，判断对错。Listen to the recording and judge whether the statements are true or false.

1. F　2. T　3. F　4. T　5. T

## 第十五课　这是我们的生产线

一、看拼音写汉字。Look at the *pinyin* and write the words.

| shēngchǎn | mǎtóu | chǎnliàng | xiāngguān | yǐnjìn |
|---|---|---|---|---|
| （生产） | （码头） | （产量） | （相关） | （引进） |

| réngōng | nénglì | jiāohuò | chéngběn | zhǔyào |
|---|---|---|---|---|
| （人工） | （能力） | （交货） | （成本） | （主要） |

二、选词填空。Choose the right words to fill in the blanks.

1.他的汉语已经（达到）HSK 5 级水平了。

2.我的工作（主要）是接待客户。

3.现在（由）我来带着大家参观。

4.我们的价格已经很低了，不能再（降低）了。

5.别担心，我对你有（信心），你会通过考试的。

三、替换练习。Substitution drill.

略。

四、把下面的词语整理成句子。Rearrange the following words and phrases to make sentences.

1.这本书比那本贵一些。

2.我们的生活越来越好了。

3.新厂区离我们的码头很近。

4.我们学校占地一共八百亩。/我们学校一共占地八百亩。

5.全部的工序都是由电脑控制的。

**五、听录音，判断对错。Listen to the recording and judge whether the statements are true or false.**

1. T　2. F　3. F　4. F　5. F

力文本

# 第一单元　商务交流

## 第一课　很高兴认识你

1. A：您好，很高兴认识您。

B：我也很高兴认识您。

A：您在哪里工作?

B：我在商场工作，你呢?

A：我在外贸公司工作。

B：以后常联系!

2. A：您好! 我叫王佳。您怎么称呼?

B：免贵姓刘。

A：是刘经理，久仰大名。

B：哪里哪里。

A：这是我的名片，希望以后一起合作。

B：好的。

3. A：您好，我叫王佳。

B：您好! 很高兴认识您。

A：我也很高兴认识您。您贵姓?

B：免贵姓张。

A：第一次见面，久仰大名。

B：哪里哪里。

4. A：王经理，第一次见面，久仰大名。

B：哪里哪里。

A：这是我的名片。

B：张经理，很高兴认识您，这是我的名片。

A：这是我的同事，她姓赵。

B：赵小姐，很高兴认识您。

5.　A：王经理，感谢你们的招待！

B：哪里哪里，您太客气了！

A：希望我们可以继续合作。

B：一定！

A：希望你们有机会来我们公司考察！

B：好的。

## 第二课　期待下次见面

1.　A：这次合作很愉快。

B：欢迎来我们公司考察。

A：我安排了车送你们去机场，现在出发吗？

B：谢谢，我们是两点半的飞机。现在出发吧。

A：一路顺利。

B：谢谢！再见！

2.　A：你去哪里了？

B：我去了一趟超市。

A：你都买什么了？

B：我买了咖啡和面包。

A：你买苹果了吗？

B：没有买。

3.　A：感谢你们的招待！

B：哪里哪里！

A：期待下次合作！

B：我们也很期待！我们还准备了一些礼物，希望你们喜欢。

A：真的吗？非常感谢！

B：不客气！

4.　A：小王，你周末干了什么？

B：我周末和朋友一起吃了饭，还看了电影。

A：电影怎么样？

B：我觉得电影挺有意思的，你可以去看看。

A：好的。

5. A：你放假有什么计划？

B：我想去爬山。

A：就爬山吗？

B：我还想去书店买一些书。

A：我也准备去书店买一些书。

B：那我们一起去吧。

## 第三课　我找王经理

1. A：你下午有时间吗？

B：有事情吗？

A：我想和你一起喝咖啡。

B：不好意思，我今天下午没有时间。

A：明天下午可以吗？

B：好的。

2. A：你去哪里了？

B：我去了一趟中国饭馆。

A：你都吃什么了？

B：我吃了一些中国菜，我觉得很美味。

A：真的吗？我也想尝一下。

B：明天我们可以一起去。

3. A：你好，我是外贸公司张经理。我想找王经理。

B：不好意思，王经理不在公司。

A：他什么时候在公司？

B：我不知道，我帮您登记一下，好吗？

A：好的，我的电话是 12345678900。

B：好的。

4. A：你在做什么呢？

B：我在看书呢。

A：小王呢？

B：他在学习汉语呢。

A：我以为他在看电视。

B：他没在看电视。

5. A：你周末准备干什么？

B：没想好呢。

A：那我们去逛商场？

B：我不想买东西。

A：那我们找一个饭店吃饭？

B：好啊。

## 第二单元　商务出行

### 第四课　我想订一张机票

A：早上好。中国南方航空。我能为您做什么吗？

B：我想订一张下周飞广州的机票。

A：您想什么时候出发？

B：下周一，9 月 12 号。

A：我们周一有 T801 次航班。请稍等，我查一下那天是否有座。非常抱歉，T801 次航班机票已经订完了。

B：那还有别的吗？

A：有一个航班在 9 月 13 号下周二上午 9 点半起飞。

B：哦。是直航的吗？

A：是的，您需要订个座位吗？

B：好的。

### 第五课　我想预订一个单人间

A：您好，白云酒店。有什么可以帮您？

B：你好，我想登记入住。

A：请问您有预订吗？

B：我预订了一个单人间。

A：好的，我要看一下您的护照。

B：给。我想要一间楼层高一点儿的房间。

A：稍等一下。这是房卡，您的房间号是1007，在十楼。

B：好的，谢谢。

A：如果您还需要什么服务，请跟前台联系。祝您入住愉快。

## 第六课　谈谈日程安排

外国人在中国旅行，不仅会有语言的问题，还会遇到一些意想不到的麻烦。如果你计划去中国，一定要安排好你的行程。你可以事先把日程表发给中方，或者把计划告知你在中国的接待单位，请他们为你安排日程。无论你是去中国洽谈生意还是私人访问，游览和赴宴都是中国人日程安排中少不了的内容。尤其是频繁的请客吃饭，有时候甚至会成为一种负担。中国人觉得，请客吃饭有助于建立关系、发展友谊。有谁在吃了一顿丰盛的晚饭以后，还能对主人说"不"呢？

# 第三单元　商务接待

## 第七课　谢谢你来接我

李明（看着手表）："张总，您的航班快起飞了，都准备好了吗？"

张总（点头）："都准备好了，资料也都在手。这次的商务会议，我一定会全力以赴。"

李明："我相信您。这次会议对我们两家公司都非常重要，希望我们能达成一个好的合作意向。"

张总："一定会的。那我们北京见。"

李明："好的，北京见。祝您一路平安。"

张总："谢谢，再见。"

## 第八课　我办理了酒店入住

电话预订场景

酒店前台（A）：您好，欢迎致电甬江酒店，我是前台服务员，有什么可以帮助您的吗？

客人（B）：您好，我想预订一间房间。

A：好的，请问您的入住日期和离店日期分别是什么时候呢？

B：我计划在下周五入住，周日离店。

A：明白了，那请问您需要哪种类型的房间呢？我们有标准间、豪华间和套房。

B：豪华间听起来不错，我想预订一间豪华间。

A：好的，豪华间的价格是每晚 688 元。请问您需要预订几晚呢？

B：两晚。

A：好的，那您的预订信息就是：下周五入住，周日离店，一间豪华间，两晚。请问您的姓名和联系方式是？

B：我姓张，联系方式就是这个手机号码。

A：好的，张先生。我已经为您预订了豪华间，入住日期是下周五，离店日期是周日，共两晚。请问还有其他需要吗？

B：没有了，谢谢。

A：不客气，张先生。期待您的光临。如果您有任何变动或需要，请随时与我们联系。祝您生活愉快！

B：好的，再见。

A：再见，张先生。

## 第九课　我要预订餐位

服务员（A）：您好，欢迎光临，请问您几位用餐呢？

顾客（B）：你好，我们两位。

A：好的，这边请。请问您有预订吗？

B：没有预订，我们直接过来吃的。

A：好的，请问现在可以为您点菜了吗？

B：好的，请给我看一下菜单。

A：这是我们的菜单，请您慢慢看。如果您需要推荐的话，我们的招牌菜有香煎牛排和麻辣小龙虾，非常受欢迎。

B：听起来不错，那就来一份香煎牛排吧。另外，我想点一份蒜蓉西兰花。

A：好的，香煎牛排和蒜蓉西兰花。请问您需要喝点什么吗？我们有红酒、啤酒、果汁和茶。

B：那就来一杯橙汁吧。

A：好的，一杯橙汁。请问您的牛排要几分熟呢？我们有三分熟、五分熟、七分熟和全熟。

B：请给我来一份七分熟的牛排吧。

A：好的，七分熟香煎牛排一份，蒜蓉西兰花一份，橙汁一杯。还有其他需要吗？

B：没有了，谢谢。

A：好的，您的菜马上就为您准备。祝您用餐愉快！

B：谢谢。

# 第四单元　办公日常

## 第十课　欢迎加入我们公司

A：你好，我是小王。欢迎你加入我们的公司。

B：您好，我是李文。

A：这是你的工牌。我们公司的上班时间是从早上九点到下午六点。

B：我们中午有休息的时间吗？

A：有的。你 11 点就可以去吃午饭。

B：我们公司有食堂吗？

A：没有，你可以在公司附近吃饭，或者点外卖。

B：好的。

A：这位是张经理，你有什么问题可以请教他。

B：谢谢。

## 第十一课　办公室的打印机坏了

A：小王，怎么了？

B：打印机好像没墨了。

A：你和信息资源中心的同事联系了吗？

B：我在系统里面报修了，但是还没回复。

A：那你的文件需要马上打印吗？

B：是的，经理要在今天下午传真给对方公司。

A：你到我的办公室来打印吧。

B：谢谢你，李经理。

A：这台打印机有点儿复杂。你需要先输入你的工号，然后再开始打印。

B：好的，我在打印机上先设置一下。

A：怎么样？打印好了吗？

B：打印好了，谢谢你。

## 第十二课　今天的会议准备得怎么样

A：今天下午开会不要忘了。

B：好的，是视频会议吧？

A：是的。

B：会议是下午两点开始吗？

A：不，今天的会议是一点半开始的。

B：我们还是用腾讯会议吗？

A：是的，会议号已经通过邮件发给大家了。

B：我去查一下邮件。

A：你记得准备一下会议上要讨论的合同。

B：已经准备好了，到时候会共享在屏幕上。

# 第五单元　商务活动

## 第十三课　我要去面试

A：你好，请坐！请你先自我介绍一下。

B：好的，我叫王明，毕业于宁波大学英语专业，想应聘公司的外贸业务员。

A：你有这方面的工作经验吗？

B：有的，我在东日公司做过一年的外贸助理。

A：请问你为什么想来我们公司？

B：因为我对业务员很感兴趣，我的专业和工作经验也符合贵公司要求。

A：好的，面试先到这儿，结果我们一周内通知你。

## 第十四课　客户来访

A：您好，王总！欢迎欢迎，一路辛苦了！

B：您好，李总！我们又见面了，很高兴再次来到贵公司。

A：感谢您再次来我公司考察，希望我们合作愉快！

B：这次来主要是来看看你们的新工厂。

A：没问题，我给你介绍下行程安排。快中午了，我们先去吃个饭。吃完饭我们直接去工厂看一下，您看看我们的新工厂和新产品。明天我们一起坐下来商量一下今年的合作。您看这样行吗？

B：可以，没问题。这次过来时间比较多，怎么安排都可以。

A：行的，那我们先去吃饭吧。

## 第十五课　这是我们的生产线

A：您好，王总！欢迎来到我们工厂！

B：您好，非常漂亮的工厂。工厂有多大呀？

A：我们工厂占地 300 亩，其中厂房面积有 10 万平方米，还有员工宿舍、食堂等。

B：那你们现在有几条生产线？

A：我们现在有 30 条生产线，一年的产量可以达到 5000 万件，比去年高了不少。

B：生产线都是全自动的吗？

A：大部分都是全自动的，可以降低人工成本。

B：嗯，对，而且还能提高产量。

A：是的，那我们去会议室谈吧，这边请。